大乗仏教の思想

● 人と思想

副島 正光 著

132

Century Books 清水書院

亡き父と九四歳の母へ

はしがき

大乗仏教とはインドの仏教史を四区分したときの、第三番目に展開した仏教の意味である。即ち原始仏教・部派仏教・大乗仏教・秘密仏教と区分される中の大乗仏教である。

本書では、インド大乗仏教の総体を網羅的に扱うのではなく、ゴータマ＝シッダッタ（釈迦《しゃか》）に始まる仏教という観点から、その創始者の考え方を、より忠実に継承していると思われるものに、特に焦点を当てて述べてみたいと思っている。このような仏教を第一の大乗仏教と呼ぶことにした。これに対して、ゴータマの基本思想からやや離れたと思われるものを、第二の大乗仏教と呼ぶことにした。

第一の大乗仏教を求めていくと、読者は、日本人が一般的に理解している仏教とは、かなり異なった印象を持たれるかもしれない。しかし以下に述べるものが、ゴータマの思想をより忠実に継承した大乗仏教である、と筆者は考えている。

読者は本書に述べられているような大乗仏教思想の重要点が、我々の人生の糧になりうるものか、また社会のために有益な理論となりうるものであるかを考えてもらいたい。

本書は、義務教育を終えた人なら、誰でも読めることを旨とした。

本書の題名『大乗仏教の思想』は「人と思想」シリーズからすると少し合わないが、敢てこの題名にしたのは、大乗仏教の思想は重要な思想であるが、その思想は主に経典の形で伝えられたものであって、特定の個人と特に結び付けることができないことによる。後の大乗の論師たちも、経典を元にして自己の論を展開したのであり、その点大乗仏教では経典が最も根本となる。このことが敢て『大乗仏教の思想』とした理由である。

本書の成立は、清水書院の清水幸雄氏の薦めによる。氏の祖父は紀州根來山大傳法院座主大僧正澄道であられたとお聞きした。本書成立の仏縁を感じた次第です。出版の実務に関しては、編集部の徳永隆氏を始め清水書院の多くの方々にお世話になった。厚く感謝する次第です。特に校正・写真等に関しては、山原志麻氏にお世話になった。記してお礼を申し上げたい。

目次

III　大乗仏教の展開

Ⅰ　大乗仏教に至るまでの仏教の流れ

ゴータマと原始仏教

ゴータマ

仏教はゴータマ＝シッダッタ（Gotama Siddhattha, 紀元前四六三頃～前三八三頃[1]）の覚《さと》りに始まる。ゴータマはシャカ族の王子として、父シュッドダナ（Suddhodana）王と母マーヤー（Māyā）のもとにルムビニーで生まれた。母はゴータマ誕生後まもなく亡くなった。母の死後、母の妹によって育てられ、王子としての生活を送り、一七歳の頃ヤショーダラ妃と結婚し、一子ラーフラ（Rāhula）をもうけた。しかし人生の問題に深く悩み、二九歳のとき出家した。その後多くの師について種々の修業をするが、心を満たすことができず、師からも離れて、独り修業に工夫を重ねた。ブッダガヤー（Buddhagayā）の菩提樹《ぼだいじゅ》の下で坐禅《ざぜん》をしていたとき、明けの明星を見て、はっと覚りを開いた。時にゴータマ三五歳であった。

その後、覚りの境地を説くことは難しいのではないかと心が揺れたが、語れば分かる人もあるはずだと、思い直して、ヴァーラーナシー（Vārāṇasī）で初めて説法を行なった。事実ゴータマの教えに共鳴する多くの人々が現れた。その後も教えを求める人々に説法し、旅から旅の生活を送ったが、八〇歳の時クシナーラ（Kusināra）で亡くなった。ゴータマの遺体は火葬され、遺骨はゴータマを尊敬した多くの国々に分配された。

1)生没年は、中村元『インド思想史』岩波全書、初版一九五六年、一九六八年第二版五二〜五三頁による。以下その他の仏教者の生没年も同書による。

ティラウラコット　ゴータマの故郷カピラヴァストゥと伝えられる

覚り

ゴータマの覚りはゴータマ自身が説法にためらいを感じたように、説き難いものであるが、仏教理解の出発点として、残されている経律の文献から考察する必要がある。このことは結局、原始仏教の探究を意味するので、本書の主題とは別に考察する必要がある。やや詳しくは別著『釈迦』(清水書院、一九六七)に譲ることにして、今は結論だけを述べておきたい。

ゴータマの覚りは、存在の真相を無分別《むふんべつ》と観た点にある。物質的な存在・精神的な存在・概念的な存在・その他あらゆる考えうる存在について、その真相は無分別であると、はっと気付いたことにある。ゴータマが坐禅中に明けの明星を見て、はっと覚ったとされる内実は、この点に特色があったと思われる。ゴータマが、自分が覚った内実を説き難いと感じて、ややためらったということは、説くためには言葉を使用する必要があるが、言葉それ自身が、分別的産物であるからである。つまり文章は主語・客語・繋辞《けいじ》といったものの組み合わせによって構成される。これに反して、ゴータマが覚った世界とは、主語も客語も、主観も客観も分けない世界であった。そのような世界のことは所詮説くことはできず、最終的には各人が体得するより他に、道はない。にもかかわらず、ゴータマが説法をしたのは、覚りそのものを言葉によって表現することはできないが、間接的にそれを示しうると、考えたからである。つまり言葉には月（覚り）を指《ゆびさ》す指《ゆび》の働きはあると、考えたからである。

今、指月の指の立場から、ゴータマが深く悩んでいた生老病死の問題について、考えてみたい。覚りの立場から、この問題を考えたらどうなるか。

無分別が覚りの世界の特徴であるならば、その反対の分別が迷いの世界の特徴である。ゴータマも、最初は普通の人が考えるのと同じように、人が生まれそして死ぬと、考えていた。そして死は厭《いと》わしいものと考えていた。しかし死を必然と考えれば、それより逃れる道はない。それゆえに、悩みはまさに死ぬまで続くことになる。ゴータマがこの問題から解放されたということは、生・死と分ける分別が、一つの思い込みであって、生死ありと思われていたものが、覚りの段階において、生死なしとはっきりと思えたことによる。

分別から無分別への自覚、ここに覚りの特色がある。このような無分別の世界を説明する理論が、縁起《えんぎ》の説として、まとめられていくのである。

三　学

　このようにして、ゴータマに始まる仏教が誕生した訳であるが、ゴータマの時代を示す原始仏教において、その学問の全体像を覆う言葉として、三学を挙げることができる。三学とは戒学《かいがく》・定学《じょうがく》・恵学《えがく》の三つの総称である。原始仏教はこれら三方面から、かつ有機的に思想の整理と実践を重視したといえる。このことは原始仏教が戒（倫理）と覚り（定・恵）を二つながら、車の両輪のように重視していたことを意味する。

戒（倫理）

　仏教は覚りにばかりに目が向いているように思う人があるかもしれないが、覚りを開いたゴータマが展開した仏教の全体像は、戒（倫理）を、覚り（定・恵によって、主に達成する）と同様に重視していたことは、三学の立て方からも分かる。

　戒（sīla）と近い言葉に律《りつ》（vinaya）がある。両者を分ける場合には、戒とは、凡《およ》そ人であるならば、だれしもが守らなければならない倫理のことであり、律とは僧団内部の種々なる倫理や、生活上の決まりをさす。ここでいう戒とは狭《せま》い意味の戒だけではなく、両者を含めたものと取ってよい。

　無分別に特徴のある覚りからは、論理的に、すぐには戒はでてこないが、無分別を踏まえたうえでの分別としての戒は重視されている。戒として代表的なものは五戒である（pañca sīla）。これは人として守らなければならない五つのことを挙げたものである。具体的内容は、

一、人を始め、動物も殺さない。
二、人のものを盗まない。
三、邪《よこしま》な男女の関係をもたない。
四、偽《いつわ》りを語らない。
五、酒を飲まない。

の五つである。

僧団の倫理である律には、大罪に当たる殺・盗・婬《いん》・妄語《もうご》から始まって、男子出家者の場合、約二五〇の戒が規定されている。

今、律の細かい内容に立ち入る暇はないが、戒や律を、このように重視するということは、覚りを目指す人々は、まず倫理をしっかりと実践しなければならないことを示しているのであって、倫理を無視しては覚りもないといってよい。

定

覚りを開いたとき、ゴータマは坐禅をしていた。そして明けの明星を見て豁然《かつぜん》と覚ったというので、坐禅は覚りを目指す重要な実践方法として、重視されている。

仏教が坐禅によって狙っていることは、やはり無分別の世界である。

坐禅とは、自らをそのままで、芸術品にすることだといえるかもしれない。どのような芸術品かといえば、無分別な宇宙一杯の芸術品である。分別を越え、無分別へと進むことが、坐禅の要術である。われわれは一応、一単位としてのわれを意識している。さらにわれわれは心身という言葉によって、身と心が、別々にあるように思いがちである。しかしこれらは便宜的な分別であることを知って、心身の無分別を味わう。さらにわれわれは、われと他の存在物とは別々のもので無関係であると思いがちであるが、それが偽《あやまり》であることを自覚して、われと他との無分別を自覚し味わう。さらに、過去・現在・未来と時間的に分けるが、これも便宜的な区分であると知って、流れそのものとして自覚して味わう。最後には、時間と空間とに分けていることも、便宜的な区分であることに気付き、時空の無分別へと進み、そのことを無分別のままで自覚し味わうのである。言葉でいえば、ゴータマの坐禅の内実はこのような無分別に特徴があったと思う。

恵

三学の最後が恵であるが、恵とは知恵の意味である。この知恵の特色は、あらゆる存在の真相は、無分別であると把《とら》えることである。それは生死・善悪・美醜・良不良などの一切の相対的概念や、物質界であるならば、不変的な実体を否定する知恵である。分別は便宜的なものであり、存在の真相は無分別であるとするのが、ゴータマの到達した知恵である。したがって、

ブッダガヤーの大塔
この地でゴータマは覚りを開いた

これは存在のあらゆる領域に、不変的実体や絶対を立てない考え方である。このことを説明する説として、原始仏教では「縁起」という言い方が多くなされた。

縁起説

一切の存在（有形・無形を含む）が、不変的な実体（このようなものを、インド哲学では、一般に我《が》〈ātman〉と呼ぶ）でないとすれば、当然一切の存在は、種々の存在の縁《よ》り集まりによって、生じていることになる。このことを縁起（pratītyasamutpāda）という。したがって、縁起とは、もともと存在を無分別と見ることから、生まれてきている説なのである。

縁起説の本来的な意味と、その発展過程については、故和辻哲郎博士の勝れた研究がある。[1] 先学の研究を踏まえ、ゴータマが覚りを開いた後に、一二縁起を観じたとする、『律蔵』の文章をまず見てみたいと思う。

一―一　その時、佛世尊《ぶつせそん》は初めて現等覚《げんとうかく》を成じたまひてウルヴェラー（村）、ネーランジャラー河の辺なる菩提樹《ぼだいじゅ》の下に在せり。ときに世尊は菩提樹の下において一たび結跏趺坐《けっかふざ》したるま、七日の間解脱の楽を受けつゝ、坐したまへり。

二　時に世尊その夜に初夜において縁起を順逆に作意したまえり。〔謂《いわ》く〕無明《むみょう》に縁りて行〔生ず〕、行に縁りて識〔生ず〕、識に縁りて名色《みょうしき》〔生ず〕、名色に縁りて六処《ろくしょ》〔生ず〕、六処に縁りて触〔生ず〕、触に縁りて受〔生ず〕、受に縁りて愛〔生ず〕、愛に縁りて取〔生ず〕、取に縁りて有〔生ず〕、有に縁りて生〔生ず〕、生に縁りて老・死・愁・悲・苦・憂・悩〔生ず〕。是の如くにして悉皆《しっかい》の此の苦蘊《くうん》集起す。また、無明無余に離滅せば行滅す、行滅せば識滅す、識滅せば名色滅す、名色滅せば六処滅す、六処滅せば触滅す、触滅せば受滅す、受滅せば愛滅す、愛滅せば取滅す、取滅せば有滅す、有滅せば生滅す、生滅せば老・死・愁・悲・苦・憂・悩滅す。是の如くにして悉皆のこの苦蘊滅尽《めつじん》すと。[2)]

ここに引用したのが一二縁起と呼ばれるものである。古い経典では、一二に満たない縁起説も伝えているので、いくつかの発展的段階が考えられるのであるが、一二縁起が最終の型といえる。一二縁起は、一二の項目を立て、前のものが因縁《いんねん》となって、次のものを成立させるという関係を述べたものである。引用文中に、「縁起を順逆に作意したまえり」とあったが、ここでいう順とは迷いの世界の成立を論理的に述べたものであり、逆とは覚りの世界の成立を論理的に述べたものである。この観点から一二縁起を観れば、引用文だけからもほぼ理解できるが、その要は分別と無分別といえる。一二縁起の第一項目である無明とは、誤った分別的見方を述べているのである。

今、「縁起を順逆に作意したまえり」の順とは迷いの世界の成立を論理的に述べたものであると述べたが、無明とは誤った分別的見方であることを加味して、一二縁起を分かりやすく述べれば、次のようになろう。

誤った分別的見方に基づく無明に縁りて、分別的行（意志）がある。
分別的行（意志）に縁りて、分別的識（分別知）がある。
分別的識（分別知）に縁りて、分別された名色（心身）がある。
名色（心身）をさらに分別することに縁りて、六処（眼耳鼻舌身意）がある。
六処（眼耳鼻舌身意）に縁りて、それらと対応するものとの触（接触）がある。
触（接触）に縁りて、受（感受）がある。
受（感受）に縁りて、愛（渇愛）がある。
愛（渇愛）に縁りて、取（執着）がある。
取（執着）に縁りて、分別・固定化された有がある。
有に縁りて、分別された生がある。
生に縁りて、分別・固定化された老・死・愁・悲・苦・憂・悩がある。

以上が迷いの世界の成立を示す一二縁起の順（観）である。

1)和辻哲郎『原始仏教の実践哲学』『和辻哲郎全集』第五巻所収、岩波書店、昭和三七年

2) *The Vinaya Pitakam* Vol.I. ed. by H.Oldenberg, PTS 1969, pp.1—2
引用は、渡邊照宏訳『南伝大蔵経第三巻　律蔵三』一～二頁による。ただし、旧漢字を当用漢字に、漢字による固有名詞の音写を片仮名に替えた。

一二縁起の逆観

順観が迷いの世界が成立する理由を論理的に述べているのに対し、逆観は迷いの世界が消滅する理由を論理的に述べている。したがって、順観の場合と同様に、最小の言葉を補って逆観を述べれば、次のようにいえよう。


誤った分別的見方をする無明が完全に離滅すれば、分別的行（意志）が滅する。

分別的行が滅すれば、分別知である識が滅する。

分別知である識が滅すれば、分別知によって分別された名色（心身）が滅する。

名色が滅すれば、さらに細分された六処（眼耳鼻舌身意）が滅する。

六処が滅すれば、それらと対応するものとの関係として立てられた触（接触）が滅する。

触が滅すれば、受（感受）が滅する。

受が滅すれば、愛（渇愛）が滅する。

愛が滅すれば、取（執着）が滅する。

取が滅すれば、固定化された有が滅する。

現在のベナレス
ガンジス河で沐浴するヒンズー教徒

有が滅すれば、固定化された生が滅する。
生が滅すれば、固定化された老・死・愁・悲・苦・憂・悩が滅する。
このようにして悉皆のこの苦蘊が滅尽する。
ゴータマはこのように観る知恵によって、生老病死の苦を越えたのである。

四諦八正道

ゴータマはブッダガヤーで覚りを開いた後、しばらくの間は覚りの境地を味わっていたが、他者への説法についてはためらいの心があったと、先に述べた。それは覚りというものが無分別の世界のことであるので、分別的言葉によっては説きがたいと思ったからであった。しかし思い直して、他者への説法を、ヴァーラーナシー（現在のベナレス）において初めて行なった。ここには、説きがたいといった思いを乗り越えた、別の動機があったと思われる。その動機とは、ゴータマ自身が悩んだ後に覚りを開いたように、同じように悩んでいる人が説法を聞けば、覚りを開くことができるであろうという、慈悲《じひ》の動機である。

このようにしてベナレスで最初に説かれた説法が四諦八正道《したいはっしょうどう》（八聖道）であったという。四諦八正道にも発展の跡が見られるので、ゴータマが最初に説いた四諦八正道の説は、現形とはいくらか違っていたかもしれないが、基本的な考え方に違いはない。この説も、先の一二縁起の説と基本的には同主旨のことを述べるのであるが、他者が聞いて、より分かりやすい形に仕上げられたものである。

四諦（catuḥsatya）の諦（satya）とは「真理」の意味である。したがって四諦とは四つの真理の意味である。四つの真理とは苦諦《くたい》・集諦《じったい》・滅諦《めったい》・道諦《どうたい》の四つである。

苦諦とは四苦八苦というように、人生は苦に満ちている、という真理である。

集諦とは、苦にはそれぞれの苦が起こってくる原因がある、という真理である。

滅諦（nirodha）とは、苦を制する、という真理である。

道諦とは、苦を制するには、道がある、という真理である。

そしてその道には八つの正しい道がある、とするので八正道という。

八正道とは正見《しょうけん》・正思《しょうし》・正語《しょうご》・正業《しょうごう》・正命《しょうみょう》・正精進《しょうしょうじん》・正念《しょうねん》・正定《しょうじょう》の八つである。正見とは正しい見解、正思とは正しい思考、正語とは正しい言葉づかい、正業とは正しい行為、正命とは正しい生活、正精進とは正しい努力、正念とは正しく記憶にとどめること、正定とは坐禅によって正しく精神を統一することである。かかる八つの道を正しく実践すれば、苦を制することができる、という説である。この八正道も、実は背景に無分別的見方に基づく八正道の意味が蔵せられている。

部派仏教

実体的思考の流入

原始仏教のゴータマの思想は、一切の存在を無分別なるものと観ることに特色があった。そしてこの考え方を表す理論として、縁起説（pratītyasamutpādavāda）が立てられたのであった。これで物質界・精神界のすべてについて、説明する方向をとっていた。

これがゴータマにつながる仏教の基本的な立場であるが、ゴータマの弟子達のすべてが、ゴータマと同じ考えであったかというと、必ずしもそうとはいえない面もあったようである。そのことは現存する部派仏教時代の経典を読んでいても、異なる基本思想が含まれていることからも知られる。ゴータマの思想を正しく継承するのが、仏教徒の務めであるが、恐らく最初期から、ゴータマの思想に対する微妙な理解の差異を含みつつ、ゴータマの死後も仏教は展開していったものと思われる。

アショーカ王（Aśoka, 前二六八頃～前二三二頃在位）の頃になると律（vinaya, 僧団内の規則）を巡り、ヴァッジ（Vajji）族の比丘《びく》達が、律をいくらか緩やかにして欲しいと申し出た（十事の主張）。

ゴータマの生地ルンビニーに立つアショーカ王柱

しかし僧団の長老達はこれを認めなかった。このことがきっかけとなって、僧団が上座部《じょうざぶ》（Theravāda）と大衆部《だいしゅぶ》（Mahāsaṅghika）に分裂した。上座部は律の変更を認めなかった保守的な僧団であり、大衆部は細かい律の規定は変更してもよいとする進歩的な僧団であった。『異部宗輪論《いぶしゅうりんろん》』[1]によると、その後この両部は、さらに思想的な差異などから、ほぼ二〇〇年間にわたって分裂を繰り返し、根本二部を含め総計二〇の部派（学派）に分かれたという。したがってこの時代の仏教を部派仏教と呼ぶ。この分裂は西暦紀元前のうちに終わっている。

さてこのような分裂の中から生まれてきた部派の中には、ゴータマの説、即ち縁起説・無我《むが》説に対するに、何らかの意味で、不変的な実体を立てる方向を示した説が現れてきた。以下このような説を我的な説と呼ぶことにする。我的な説といっても、仏教はもともと縁起説・無我説を唱えてきていたので、一見すると縁起説・無我説とあまり矛盾がないような装いで、我的な説が入り込んできていることが分かる。部派仏教の中で、この方向を最も強めたのが説一切《せついっさい》有部《うぶ》（Sarvāstivādin）であった。かれらの説は説一切有説（Sarvāstivāda）といわれる。この場合の一切有とは、一切の法が三世に亙《わた》って有であるということである。この場合、法とは法則・規範・概念の意味であるが、具体的には眼・耳・鼻・舌・身・意（六根）、色・声・香・味・触・法（六境）、眼識・耳識・鼻識・舌識・身識・意識（六識）等、仏教の内部で整理されてきた法の体系をさす。これらの法はわれわれの意識に上る、上らないにかかわらず、過去・現在・未来の三世に亙って存在するとした。ここにわれわれは、法における我的思考を、はっきりと認めることができるのである。

1）世友菩薩造　唐玄奘訳『異部宗輪論』一巻『大正新脩大蔵経』（以下『大正』と略記する）第四九巻所収一五～一七頁

法体恒有

この立場を良くいい表している句が、「法体恒有《ほったいこうう》」である。つまり法の体は恒《つね》にある、とする思想である。この考え方は、明らかに諸法無我や諸行無常を基本とする思想と、異なる基本思想に基づくものといえる。中国仏教・日本仏教で特に重視された文献に『倶舎論《くしゃろん》』がある。この本はヴァスバンドゥ（Vasubandhu, 世親《せしん》）が上座部の一派である経量部《きょうりょうぶ》の立場を加味しつつ、説一切有部の根本論典であるカーティヤーヤニープトラ（Katyāyanīputra, 迦多衍尼子《かたえんにし》）の『阿《あ》毘達磨発智論《びだつまほっちろん》』と、これの注釈書である『大毘婆沙論《だいびばしゃろん》』を、要領良くまとめたものである。その意味では、中国や日本の仏教は大乗仏教であるというが、部派仏教の、特に説一切有部の思想によって仏教を解釈している点が多く見られる。

『倶舎論』での法体恒有としての法は、五位七五法としてまとめられている。これは色法《しきほう》（一一、眼根《げんこん》・耳根《にこん》・鼻根《びこん》より無表色《むひょうしき》まで）、心王《しんのう》（一）、心所法《しんじょほう》（四六、受・思・想より疑まで）、心不相応行法（一四、得・非得・衆同分《しゅどうぶん》より文身《ぶんしん》まで）、無為法（三、虚空、択滅・非択滅）という五つの大枠と、それらに属する七五の法を組織立てたものである。これらは物質的な世界、精神的な世界、論理的な世界の主要なる要素を概念化したものである。そしてこれらの法が、過去・現在・未来に亘って、人々が意識する、しないにかかわらず存在する（三世実有《さんぜじつう》）としたところに特徴がある。

このような五位七五法は、全存在を分類する一つの方法であるといえる。それもかなり良くできている分類であると思う。問題は、これらの法を永遠的なものとした（法体恒有）ことであって、このことはゴータマの仏教の立場を離れるものと結論せざるを得ない。つまりゴータマの仏教は、本来無分別なるものを、無分別なるままに把え、そのうえで便宜上分別することは許される。しかるに説一切有部がなしたような、分別したものを、それ自身で固定的・我的な存在とすることは、ゴータマの仏教ではないのである。

部派仏教時代には、このようにゴータマの仏教とは異なる方向が現れてきた。この点は、単に法の領域のみならず、個人の中にも我的なものを認める方向に向かう。

本生譚を描いた彫刻

輪廻説

我的思考が個人の方面にも展開されたのが輪廻《りんね》説である。輪廻（saṃsāra）は「流れ」を意味し、心が迷ってさ迷い流れる様には使われていた。したがってこの意味での輪廻は、心の迷いを、流れに譬《たとえ》たものである。ところで輪廻説の場合の輪廻はもう一歩変化された意味を持っている。それは個人の生命の中に、何らかの我的思考を持ち込んだものである。ここに輪廻説が打ち立てられている。生命の中の何らかの我的なものが、過去から現在へ、現在から未来へと流れることをいう。この流れる我的なものを、以後、個我《こが》と呼ぶことにするが、個我はこの世において覚りを開くか、未来の世において覚りを開くかによって、その時輪廻が終わるとする。おおよそ、このような考え方が、仏教内に持ち込まれた輪廻説である。ここに法の側と、個人の側の両面に実体的思考が入り込んでいることを知る。この点を再確認し、原始仏教との差異をもう少し明確にしておこう。

本生譚

輪廻的な考え方を持つ人は、ゴータマの時代にも、仏弟子の中にいたかもしれない。ゴータマの死後は、この傾向の人々はさらに多くなったように思う。そのことはゴータマの死後、本生譚《ほんじょうたん》（Jātaka, パーリ語仏典で五四六本存する）といわれるゴータマの前世話という文献が出てくることからも推察できる。本生譚が成立するためには、思想的には、輪廻の思想を認めなければ成立しない。これほど多くの本生譚が生まれたということは、一般の仏教徒の間に、輪廻説が深く入ったことを意味する。またもゴータマの仏教は変わり、ほとんど換骨奪胎《かんこつだったい》されてしまった、といってもよい。

一二縁起の胎生学的解釈

先にゴータマが覚りを開いた後、一二縁起を順逆に観じたということを、『律蔵』によって紹介した。その同じ一二縁起の解釈が、説一切有部のそれによると、すっかり変わったものになっている。つまりそのおおよそは、輪廻の考え方を取り入れ、個我の過去・現在・未来への因果関係になっているのである。この解釈によれば、一二縁起の各支は、ほぼ次のような意味になる。

無明　過去世の無始の煩悩《ぼんのう》
行　過去世の煩悩によりて作った善悪の行業
識　過去世の業によりて受けた現世の受胎の一念
名色　胎中にありてようやく心身の発育する位
六処　六根具足してまさに胎を出ようとする位
触　二・三歳の間事物に対してまだ苦楽を識別することなく、ただ物に触れようとする位

受　六・七歳より以後、ようやく事物に対して苦楽を識別して、これを感受する位
愛　一四・五歳以後、種々の強盛なる愛欲を生ずる位
取　成人以後、愛欲いよいよ盛んにして、諸境に馳駆《ちく》して、諸欲を取求する位
有　愛取の煩悩によりて、種々の業を作り、当来の果を定める位
生　現在の業によりて、未来に生を受ける位
老死　来世において、老い死する位[1)]

同じ一二縁起が、全くといってよいほど変わったものになった。そして後者の解釈が今まで広く行なわれていたが、これはゴータマの一二縁起とは、ほとんど無縁のものといってよいであろう。しかしこのような解釈は、説一切有部だけに留まらず、中国・日本の仏教においても、広く受け継がれてきたものである。社会との関係において、特に葬式仏教化した中国・日本の仏教における四九日とか、中陰《ちゅういん》とかいうのも、基本的には、この輪廻思想に影響されたものである。

以上見てきたように、部派仏教時代には、原始仏教のゴータマの縁起説や無我説とは異なった思想が、一二縁起を換骨奪胎したような形で、同じ用語を使いながら、全体としては、別の基本思想に基づくものに作り直してしまっている。かつこのような方向が、仏教の大勢になっていったところに問題があり、仏教衰退の遠因の一つといえよう。

1) 織田得能『仏教大辞典』大倉書店、昭和四年、九三〇頁。ただし意味を変えずに、一部現代文にした。

その他の我的思考

上座部に属する経量部（Sautrantika）は、心所有法・心不相応行法・無為の実有は否定したが、地・水・火・風の四大と心の実有は認めた。また一味蘊《いちみうん》という呼び名で、輪廻するものの中心としての一種の個我を考えた。同じく上座部に属する犢子部《とくしぶ》は、プドガラ（pudgala）というものを立て、同じく輪廻するものの中心としての一種の個我を考えた。

一四無記

ゴータマは形而上学的な一四の質問には答えなかった（無記）という。一四の質問とは次のものをさす。

一、世界は常であるか
二、無常であるか
三、常かつ無常であるか
四、常でも無常でもないか
五、世界は有辺であるか
六、無辺であるか

七、有辺かつ無辺であるか
八、有辺でも無辺でもないか
九、如来《にょらい》は死後存するか
一〇、存しないか
一一、存しかつ存しないか
一二、存しも存しなくもないか
一三、個我と身体は同じであるか
一四、異なるか[1]

ゴータマは、一四無記からしても、後世余りにも一般化してしまった輪廻説なるものは、なに一つ説いていないのである。しかるに、後世の多くの仏教徒は、輪廻説を仏教の中で説いたが、多言するまでもなく、輪廻説はゴータマの仏教とは無縁のものである。

インド思想史的に見れば、後世の仏教徒が、仏教以前から存在していた輪廻説を仏教の中に取り入れたのである。

1)中村元『仏教語大辞典』東京書籍、昭和五〇年、六五四頁

II

大乗仏教の思想

——般若経典を中心に——

般若経典

本章で取り上げることは、大きく四項目に分かれるが、一言で全体の目標を述べれば、般若経典による仏教概論を目指している。

取り上げる問題

般若経典――厳密には初期般若経典――を取り上げた理由は、これらの経典群が、大乗仏教の中では、ゴータマの思想を比較的忠実に発展させていることと、般若経典は後の大乗仏教全般に、直接・間接に亘り大きな影響を与えているからである。その理由は、全体を読まれたときに理解してもらえると思うので、今は述べない。

以下、人生論・倫理学・存在論・論理の四分野に、便宜上分けて述べてみたい。第一の人生論は、われわれいかに生くべきか、の問に対する探求、第二の倫理学は、われわれはいかに生くべきか、の問に対する探求、第三の存在論は、存在の真相はなにか、の問に対する探求、第四の論理は、ここでは形式論理学のことではなく、真実を述べる論理とはどのようなものなのか、の問に対する探求である。これらは実は密接に関係しているものであるが、便宜上四分野に分けて述べることにする。

般若経典

般若経典とは大乗仏教の最初期の経典であり、時代と共に色々な般若経典が作られ、現在にまで多くのものが伝えられている。サンスクリットの原典は、現在一三本知られている。チベット語訳本は二三本知られている。漢訳は四二部、種類としては二六種知られている。[1]今、現存するサンスクリットの原典だけを挙げると次のものがある。

『十万頌般若《じゅうまんじゅはんにゃ》』*Çatasāhasrikā Prajñāpāramitā*, ed. by P.Ghoṣa

『二万五千頌般若』*Pañcaviṃśatisāhasrikā Prajñāpāramitā*, ed. by N.Dutt

『一万八千頌般若』*Aṣṭādaśasāhasrikā Prajñāpāramitā*, ed. by E.Conze

『八千頌般若』*Aṣṭasāhasrikā Prajñāpāramitā*, ed. by Dr.P.L.Vaidya

『宝徳蔵般若波羅蜜《ほうとくぞうはんにゃはらみつ》経《きょう》』*Prajñāpāramitāratnaguṇasaṃcayagāthā*, ed. by E.Obelmiller

『七百頌般若（文殊師利所説般若波羅蜜経）』*Saptasātikā Prajñāpāramitā Mañjuśrīparivartāparaparyāyā*, ed. by Dr.P.L.Vaidya

『金剛般若《こんごうはんにゃ》経《きょう》』*Vajracchedikā Prajñāpāramitā*, ed. by E.Conze

『百五十頌般若（理趣経）』*Adhyardhaśatikā Prajñāpāramitā*, ed. by Dr.P.L.Vaidya

『善勇猛般若波羅蜜多経』*Suvikrantavikrāmi-paripṛcchā Prajñāpāramitā-Sūtra*, ed. by R.Hikata

『般若心経』Prajñāpāramitāhṛdaya　中村元校訂本

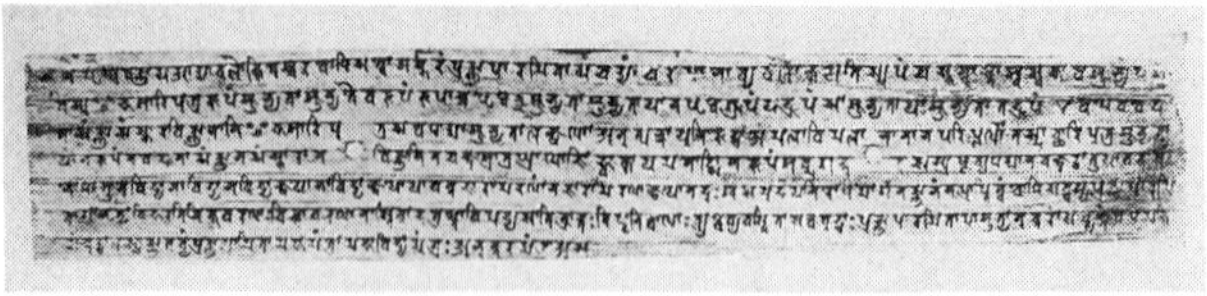

『**般若心経**』　法隆寺が蔵していたもので現存する大乗経典の貝葉としては最古期のもの

『小字《しょうじ》般若波羅蜜多経』 *Svalpākṣarā Prajñāpāramitā*, ed. by Dr.P.L.Vaidya

『帝釈《たいしゃく》般若波羅蜜多心経』 Kauśikaprajñāpāramitā, ed. by Dr.P.L.Vaidya

『仏説五十頌聖般若波羅蜜経』 *Ardhaśatikā Prajñāpāramitā*　木村高尉校訂本

以上一三のサンスクリット原典を主たる資料として、以下大乗仏教の思想を述べてみたいと思う。原典の引用に当たっては、主に拙訳による和訳を掲げ、合わせて原典の引用箇所を、注で示すことにする。

1)サンスクリット原典・漢訳・チベット語訳の相互の関係など、文献についての詳しいことは、副島正光『般若経典の基礎的研究』春秋社、昭和五五年、四〜一二一頁参照

人生論

――人は自分の好きなことをして、はじめて生きられる――

ゴータマの一生は覚りを求め、覚りを開き、その後は覚りと共なる生活であった。われわれがゴータマを人生の師と考えるなら、ゴータマが歩んだ道が、われわれにとってもまた理想の道といえる。

覚りと共なる生活

ところで、般若経典は歴史上のゴータマが覚者《かくしゃ》（Buddha, 仏陀、仏）となったことを、理想の姿と把えて、そのことを一般化し、あらゆる人々の道としようとした。般若経典とは、そのような観点から書かれている経典である。ゴータマが実際に送った一生と、般若経典との基本的な違いは、次の点にある。ゴータマは覚りを求めた段階から、出家者としての一生を送ったが、初期の般若経典は在家的性格が強かった。ここに初期大乗仏教のひとつの大きな特色がある。つまり、ゴータマが達した道を、出家という形を取らないで、在家のままで行なおうというのである。般若経典とは、一言でいうなら、覚りへ導くことが書かれている経典であると共に、覚りに基づく生活が書かれている経典である。

サールナート　ダーメク-ストゥーパ

苦からの解脱

仏教はその始めから、人生の苦の問題と関係が深い。ゴータマが物質的には何ひとつ不自由のない王子の生活から、出家して、苦行なども行ないながら求めたものは、苦の克服であった。いかなる苦に対してかというと、古い文献によると、生老病死に対する苦であったという。生まれ、老い、病み、死ぬということは、誰にでもあることであり、これらを苦として把え、それを解決しようということは容易なことではない。歴史上のゴータマも、八〇歳で世を去り、かれが世を去ってからも、人々は生まれ、老い、病み、そして死んでいっている。その意味では、現象的には何ひとつ変わっていないといえる。

しかしゴータマが生老病死を苦と把え、ブッダガヤーで覚りを開き、サールナートで説法を始めたということは、この苦の問題を解決し、かつ人々にも説き聞かせることができると思ったからである。

ではどのような形で生老病死は克服されたのか。このことを考えてみたい。

生苦

古代ギリシャの詩人サッフォーは、「人生にとって一番幸な事は生まれてこなかったことだ。つぎに幸な事は一日も早く世をさることである。」と言った。そしてサッフォーはその言葉どおり、若くして自殺してしまった。四苦八苦の最初に生苦を持ってきていることには、このような側面もあったと思う。だが主たる理由は、これはインド人の思想の一般的な傾向を反映しているものと思う。それは輪廻思想との関係である。仏教は本来輪廻思想を認めるものではないが、ゴータマなどの自由思想家達が活躍した前五世紀以降においては、輪廻思想が社会で一般化していた。それによると、人として生まれてくるのは、まだ解脱《げだつ》していないからであり、未完成であるからであるとする。完全に解脱した人は、もはや生まれ変わってくることはないとする。その観点からすると、生まれてくるということは、まだ完全ではなかったので、さらに頑張りなさい、ということになるのである。生を苦に数えた背景には、このようなことがあったと思われる。

老苦

老苦は人であれば、だれしもが実感として感ずるようになるものである。アシュヴァ＝ゴーシャ（馬鳴《めみよう》）の『ブッダチャリタ』でも、ゴータマが太子のころ、老病死の人を見て、厭世的になった一因としている。それを次のように記している。

太子がある園に行く途中で、衰え切った一人の老人にばったり出会った。太子はそのような老人をあまり見たことがなかったので、御者に問うた。「この人は、一体何なのだ。頭は白く、背は屈《かが》み、目は眩《くら》み、身は小さく震えており、杖にたよって、弱々しく歩いている。俄《にわ》かに変じて、このようになったのであろうか、それとも生まれながらにこうだったのだろうか。」と。御者は答えて言った。「この人は、色が変わり、呼吸はかすかとなり、憂いが多く、歓楽は少なく、喜びはとっくに忘れてしまい、諸々の感覚器官は弱っている。こういう状態は老衰の相と名づけるのです。この老人ももとは嬰児《えいじ》であり、母の乳によって長養せられ、子供の時は、遊び戯《たわむ》れ、壮年の時には、五欲をほしいままにし、歳を取ってから形が朽ち果ててきて、今は老いのために毀《こわ》れそうになっているのです。」と。太子は言った。「ただかれだけが老衰するのであろうか。それとも、われわれもまたこうなるのであろうか。」御者は言った。「太子もまたこうなるでありましょう。時が移れば形は自ら変じて、必ずこのようになるのです。少壮なるものが、老いない例はないのです。」太子は老衰の人を見、かつ御者の話を聞いて、すっかり意気消沈してしまった。

と述べられている。現代では空前の高齢化が進んでいるが、老人として生きることには、良いこともある一方、困難な側面も少なくないのである。老後をどう生きるか。今も昔も変わらぬ問題の一つであるといえる。

病苦

高齢化時代になったということは、その大きな原因として、医学の進歩のおかげで、若いときに死亡する人々が少なくなったことを意味する。かつ色々な病気に対する、適切な対応が行なわれていることを意味しよう。しかし病気そのものがなくなることは殆どなく、特に加齢に伴う病気は治りにくくなる。加齢に因る耳鳴りとか、臓器の衰えに因る糖尿病とかも出てくる。癌はだんだんと不治の病ではなくなりつつあるが、新たなる不治の病としてのエイズが世界に広まろうとしている。エイズもやがては不治の病ではなくなるかもしれないが、今は十分に知られていない新たな難病が出て来るかもしれない。このように見てくると、病苦は完全になくなることはなく、現代においてもやはり大きな苦の一つといえる。

死苦

生老病死の四苦の最後が死苦である。生まれてきたときのことは誰も意識しないが、老病死を厭うのは人々の常であるといえよう。死に対しては特にそうである。ではゴータマがそれを克服したとはどういうことなのか。

ユダヤ教・キリスト教・イスラム教では死後の世界として、天国や地獄を説く。大乗仏教の中でも、極楽や地獄を説く経典もある。神道は黄泉《よみ》の国を、儒教・道教も魂《こん》・魄《はく》を説き、魂の行き先として、天を考える。このような説は、いずれも死によって人が終わるのではなく、肉体は滅びても霊魂は続くことを述べる。このように説く事は死苦に対するひとつの解決法である。

覚りを導いた無分別智

ゴータマに始まる正しい仏教の場合はどうなのか。生老病死の苦が覚りによって克服されたと先に述べた。このことは生老病死に対して、一つの覚悟ができたともいえるが、認識論的には、大きな智の転換があった。覚りと呼ばれるものは、智の観点からすると、日常的な分別知（vijñāna，識）から、物事の真相・真実を知る無分別智（prajñāpāramitā，般若波羅蜜）に、人自らが気づいたことを意味する。この無分別智に気づいたことにより、死苦は消えたのである。この点、先に挙げた来世を説く諸説とは、根本的に異なる見方をしている。

この点をもっとはっきりさせるために、分別知と無分別智について述べなければならない。分別知とは、われわれの知的能力のうちで、物事を区別してみることのできる知である。例えば、わたくしがものを書きながら、これは鉛筆、これはノートと区分できる知のことである。われわれはこの分別知によって、世界とわれを見、時間的・空間的に色々と区分してきた。そして区分したものに、言葉による名前をつけてきたのである。例えば、庭の中を見て、これは桜の木、あれは松の木、これは草花というように。また見えないものに対しても、過ぎ去った時を過去、今の時を現在、未だ来ていない時を未来、というように名前をつけてきたのである。ほぼ時間的な流れと対応する、生老病死も人の一生を区分したものである。人類がこのようにして区分してきた知識の総体は、各国語の辞書をすべて集めた単語の数ということになる。ところで、このように分け、それらに名前をつけて、繰り返し使用していると、いつしかそれらの名前に対応する一つ一つの事物が独立した存在のように思えてくる。これが私達の知的状況といえる。

知の転換

覚りというのは分別知の見方を、すべてひっくり返すということなのである。このような覚りの智が、敢て名づけると無分別智なのである。無分別智は、分別知が世界に線を引いて分けていったのに対し、あるがままの世界は分けられないのが真相だ、と観る知恵なのである。したがって、分別しないままで観る知恵の意味で、無分別智という。ゴータマは自ら無分別智を体得したことにより、実在のように見えていた生老病死に対する苦が消えたのである。

分別知の立場からすると、生老病死は絶対の実在のように見えていたが、無分別智の立場からすると、そのような区分も一つの便宜的な区分なのである。例えば、世界の海を、ただ一つと見るのと、便宜上七つの海として区分するのとの、違いのようなものである。海の例でいうと、一つの海がむしろ真相で、七つの海は人間の生活上から来る便宜的な区分であることは、誰でも承認できるであろう。したがって、七つの海こそが独立的、絶対的なものだといえば、それは誤りになる。主語が変わると、俄《にわか》には信じ難いかもしれないが、実は生老病死の場合も同様であって、無分別智の立場からすると、そのような区分はないのである。生死という区分もないのである。分別知により生老病死の世界を立て、それが便宜的なものである点を忘れてしまった世界が迷いの世界であり、生老病死も立てない世界が覚りの世界なのである。ゴータマが生老病死を克服したというのも、実はこの構造によっている。そこでは知の大転換が起こり、無分別智に気づいた。それゆえに、まさに覚りの名に価する体験なのである。

生があり、死があるとするのが、分別知の立場であり、生もなく、死もないとするのが、無分別智の立場である。かつ重要なことは無分別智の立場で把えた世界が真実の世界であり、分別知で把えている世界は人間存在に基づく便宜的な世界解釈であって、真相ではないということである。

今を生きる

人は無分別智に気づいたら、それで終わりということではない。むしろそこからが第一歩であるともいえる。無分別智に基づいて、今を生きる、今日一日を生き切る生活が必要である。ここに無分別智に基づいた創造的な生活が展開されるといってよい。得悟の後の注意深い生活が必要なのである。このような自覚を持つ人々が、社会のそれぞれの分野で生きていくことが、人間社会を善きものへとしていく。なぜなら無分別智に気づいた人々には、差別の意識がなくなる。そのために物事を平等に扱うことができる。無分別智に気づいた人々は、色々な事物を混同することもない。それは無分別智後分別智（この語はすぐ後で説明する）が働くようになるからである。それゆえにそれぞれの特性を観ることができる。ここに平等に眺めながら、それぞれの個性を見落とさないようになれる。

無分別智に気づいて今を生きる場合、もう一つ智の展開が行なわれる。それは無分別智を踏まえた上で、分別知を使用することである。今このような分別知を、無分別智後分別智と呼ぶことにする。そして単なる分別知とは違うという意味で、前者の方は無分別智後分別智と書き分けることにする。したがって以下の論述においては、「分別知」は無分別智に気づいていない前の分別の知の意味に使い、「無分別智後分別智」は、無分別智に気づいた後の分別の智の意味に使うことにする。

今、このような語を使用するとすると、ゴータマにつながる仏教的生き方とは、無分別智後分別智の生き方といえる。このような態度が、個人的生活においても、また社会的生活においても、またあるときは学問的生活においても反映されている。このことを人生論・倫理学・存在論・論理の諸方面で、さらに確認していきたいと思う。

自由自在

覚りは仏教の目的であった。そして覚りとは、言葉を換えれば、無分別智に気づくことであった。しかし覚りを得れば、それで終わりということではなく、そこから自覚的な人生が始まるものであった。それは時間的には今を充実して生き切るということであったが、さらにその生き方はといえば、自由自在の生き方といえよう。この自由自在というのは、勝手気侭ということではなく、分別知から来る囚われに、囚われない生活の意である。また他者に規制された生活ではなく、自らが自己の意志で決めていく生活である。出来合いの種々の生活の型の中に自分を当て嵌《は》めていくのではなく、自らの自由なる意志によって、生活の型を、自らが形成していくことである。その意味では、自分自身に対しても、また社会に対しても、自らが責任を負う側面を、一方に持つ。

降魔・向上の道

覚りを開いたからといって、それで終わりということではなく、われわれが生きている限りはなお精進が必要である。このような生活態度が降魔・向上の道である。魔（mara）というと、何か魔王とか悪魔というような他者的な存在のようにきこえるが、これはわれわれ自身の心が易《やす》きにつこうとしたり、悪を是認してしまうときの心の状態をさした言葉である。したがって降魔とは、われわれ自身がわれわれ自身を奮い立たせて、堕落の方向へ向かわせない努力である。

向上は堕落とは反対の方向を目指すことであるから、魔が蔓延《はびこ》ることに気を付けながら、あるべきと思う方向へ自らを向けることである。「魔がさす」という言葉があるが、人は一生の間、絶えずどこからともなく沸いてくる魔に対しては注意深くあり、向上の道を求めるべきであろう。

願のある生活

般若経典では一般に、仏教者としての生活の仕方を六つの完成としてまとめた。六つの完成については後に述べるが、『二万五千頌般若』の後半部分や『十万頌般若』では、六つの完成にさらに加えて、一〇の完成を説く。一〇の完成の一つに願の完成（pranidhāna-pāramitā, あるいは願によって〈彼岸に〉渡ること）がある。願に当たる言語プラニダーナ（pranidhāna）は「前に据《す》え置くこと」の意味である。つまり自らが目標を自分の「（目の）前に据え置くこと」である。換言すれば、目標を持つことである。願をその意味に取ると、願のある生活とは、目標がはっきりと定まった生活ということになる。

人生においては、願のある生活が望ましい。その願である目標は、これも自分自身で決めるのが望ましい。他者が決めた目標でも、自らそれに興味を持つ場合はよい。しかし他者が決めた目標にどうしても興味が持てない場合もある。その場合は、やはり自ら自分の願を立てる必要がある。

願はその人が本当にしたいことであれば、どのような領域のことでもよい。政治に興味があれば、政治の領域の中に願を求めたらよい。経済に興味があれば、経済の領域の中に願を求めたらよい。また学問の世界に興味を持てば、学問の領域の中に願を求めたらよい。願は何であってもよいが、良い願とは次の二点を満たすものである。第一には、今まで触れてきたように、自分自身が最も興味を持てる願であること。第二には、その願の遂行が社会的にも善であること、この二点である。

悪願成就

世の中には、悪願成就ということもある。これは反社会的なことを願として立てても、成就することがあるという意味である。例えば歌舞伎の世界で、石川五右衛門が大泥棒になる願を立てる。そして日夜、そのための修業をする。その成果が実って、遂に日本一の大泥棒になる。こういうことも可能である。しかしこれでは、望ましい願のある生活とはいえないことは、いうまでもない。

善願と共に

そこで当然のことながら、願のある生活といっても、それは善願と共なる生活である。たとえ他の人から見ればそれほど興味をそそるものでなくとも、その人にとって興味をそそるものであり、かつそのことの遂行が、社会になんらかの価値を提供できると思われる願と共に生きることは、人として幸福な生き方といえよう。たとえ社会には、直接価値があるとは思えないようなものであっても、少なくとも反価値的なものでなければよい。人はパンのみにて生きるにあらず、というが、食うための仕事だけではなく、仕事の中に興味をもって、そのことを通して生活する面がなくては物寂しいものである。物作りの仕事でもよし、心作りの仕事でもよいが、自分にとって好きな願であると同時に、社会にとっても善き願であるような仕事の中で生きることが幸福であろう。

六つの完成

一〇の完成の一つを先に挙げたが、般若経典では、一般的には実践の問題を六つの項目に分けて、それらをまとめて六つの完成とした。それらは施《ほどこ》しの完成・道徳の完成・忍耐の完成・精進の完成・禅定《ぜんじょう》の完成・無分別智の完成である。般若経典は、これらの六つの完成を日常的に行なうことを仏教者の生き方としたのである。なお中期以降の般若経典になると、六つの完成にさらに四つの項目を加えた、一〇の完成が出てくる。加わった四つとは、願の完成・力の完成・善巧方便《ぜんぎょうほうべん》の完成・智の完成である。今はそれぞれの完成の全体像に簡単に触れ、その後で、個々の完成について、経典に即して述べたいと思う。

施しの完成

施しの完成（dāna-pāramitā）の施しには財施《ざいせ》・法施《ほっせ》・無畏施《むいせ》の三を分ける。財施は良き物を施すことである。法施は法を施すことである。無畏施は畏《おそ》れある人々に、畏れなくてよいと、安心を施すことである。この項目は人間（社会）の中での在り方を述べたものであるので、倫理的項目といってよい。物ある者は物を与え、法を理解する者は法を与え、畏れる者には安心を与えて、相互の生活を物心共に豊かにしていこうとするものである。

道徳の完成

道徳の完成（sīla-pāramitā）の原語シーラ（sīla, 戒）は倫理の意味であるが、その完成（pāramitā）という場合は、実践的側面を述べているので、道徳の完成と訳すことにする。因《ちなみ》に以下の論述においては、倫理は仲間の理法そのものの意味に使い、道徳は倫理を心身に得ることの意味に使う。原始仏教以来、仏教では覚りと同時に、道徳を重視してきたが、般若経典においてもこの点は継承されている。かつ道徳の完成が、覚りへ向かう際にも必要条件とされている。覚りを求める者は、道徳面においても完全でなければならないとするのである。倫理と、それを心身に得ることの道徳は、別に章を立てて、詳しく調べてみたい。

忍耐の完成

忍耐の完成（kṣānti-pāramitā）は人生を送る上での基本的態度を述べたものである。人は人生において順調なときは、特に問題はないが、逆境の時には落ち込んだり、動揺したりするものである。こういう時に特に大切な項目が、この忍耐の完成である。これに徹すると、世の中の毀誉《きよ》褒貶《ほうへん》に一喜一憂しなくなる。長い人生の中での、個人にとって、重要な項目といえる。

精進の完成

精進の完成（vīrya-pāramitā）も人生における重要な項目であるが、これは先程の忍耐の完成に比べ、むしろ順調に人生が進んでいるときに重要な項目である。順調に進んでいるときでも精進を怠れば、伸びは止まり、順調も変調になってくる。逆にいえば、精進があるからこそ、順調も生まれてくるといえる。

禅定の完成

禅定の完成（dhyāna-pāramitā）とは精神統一のことである。所謂《いわゆる》坐禅によって、覚りに達することを目指すものである。この意味では、仏教の真髄に至るものである。先に述べたように、仏教の覚りとは、無分別智に気づくことであった。ここに至るための重要な方法であるので、禅定の完成は覚りへの門といえる。言葉にすら頼らず、全心身で、禅定の完成に徹することが、仏教を了解するために必要なものである。

無分別智の完成

無分別智の完成（prajñāpāramitā）[1]は先の禅定の完成と深い関係を持つが、仏教でいう根本智である。これは存在を分別的に見る分別知に対し、存在は本来無分別であることを如実に知る知恵であった。分別しないであるがままに観る知恵の意味で無分別智といった。この項目を最後に持ってきて、六つの完成を締めくくっている。この智に気づくことが、敢ていえば、仏のことである。道元の『正法眼蔵《しょうぼうげんぞう》』に「唯仏与仏《ゆいぶつよぶつ》」の巻がある。これは仏教を目指す者の終極目的といえる。つまり各人が無分別智に気づくことにより、唯《た》だ仏与《と》仏だけによる社会を目指したものなのである。これはまさに理想社会である。六つの完成は全体として、以上のような構成と性格を持つものである。要約すれば、個人の完成を目指しつつ、同時にそのような個人に皆が成ることによって、一つの理想社会までを作り上げようとするものである。これが仏国土である。

1)プラジュニャーパーラミター（prajñāpāramitā, 般若波羅蜜）をアサンガ（無著）が『攝大乗論』で、無分別智（avikalpajñāna）と解説したので、無分別智の完成とまでいわなくて、単に無分別智でよいのであるが、他の六つの完成や一〇の完成との関係で、本書では、六つの完成や一〇の完成と組で使用されている場所では、無分別智の完成とする。したがって、無分別智も無分別智の完成も意味は同一であると理解されたい。なお般若波羅蜜の解説語としては、無分別智が最も適切だと思うので、わたくしもこの語を用いることにしている。

一〇の完成

六つの完成が般若経典初期からの主要項目であったが、中期以降になると、さらに四つの完成が加わって、一〇の完成として説くこともあった。加わった四つとは、先に述べた願・善巧方便・力・智の完成である。

願の完成

願の完成（pranidhāna-pāramitā）は、すでに「願のある生活」において述べたが、人生においてははっきりした目標を持つことである。このことにより、われわれは生きがいを感じ、引き締まった生活を送ることができるのである。

善巧方便の完成

善巧方便（upāyakauśalya-pāramitā）の完成とはどういうことか。方便の原語ウパーヤ（upāya）とは「近くに行くこと」の意味である。それが巧みなことを、善巧方便という。一般的にいうならば、物事を達成する手段が巧みなことをいうのである。『法華経《ほけきょう》方便品《ほうべんぼん》』の中で、燃え盛る家の中にいる子供たちを救うために、外には珍しい牛車や鹿車や羊車があるよと大声で叫んで、迷路のような大きな家から、子供たちを救い出す、という話があるが、この例などは善巧方便の典型的な例といえる。

力の完成

力の完成（bala-pāramitā）は、物事を達成するための実際の力を身に付けることである。その力とは思択《しちゃく》と修習《しゅうじゅう》の力をさす。さらに十力としてその内容が述べられるが、その内容は部派仏教時代の影響などもあって、かならずしも深いものではない。

智の完成

智の完成（jñāna-pāramitā）ば、基本的には、無分別智の完成と異ならない。これは一〇という数で一組にしたいという発想から加えられたものである。敢て区別するときは、智の完成は、すでに目覚めた仏智の智を意味する。それに対して、般若波羅蜜（無分別智）の原語であるプラジュニャーパーラミター（prajñāpāramitā）のプラジュニャーには「（覚り）に向かう知恵」といったニュアンスの差があるだけである。『大智度論《だいちどろん》』では、「般若波羅蜜は、仏心の中にありては、名を変じて一切種智《いっさいしゅち》となす。菩薩《ぼさつ》は知恵を行じ、彼岸《ひがん》にわたるを求むるがゆえに波羅蜜と名づけ、仏はすでに彼岸にわたるがゆえに、一切種智と名づく。[1]」と説明する。

1) 竜樹『大智度論』第二九『大正』第二五巻一九〇頁上

般若経典の重点

般若経典は以上述べてきた事柄の他にも、利他の強調・三乗の中における菩薩道の強調・従来からある諸法の学習の意義・第二の仏教的要素の加味など複雑な様相を呈している。しかし初期の般若経典が最も重視したことは、般若波羅蜜（無分別智の完成）とそれを含む六つの完成の実践項目である。そして中期以降になると一〇の完成へと発展する。これらのことをさらに要約すれば、覚りと倫理の問題がその中心といえる。以下この「人生論」においては、一〇の完成のうち、覚りに関係の深い無分別智の完成・智の完成・禅定の完成を、般若経典に即して、特に詳説してみたい。そして「倫理学」において、施しの完成・道徳の完成を始めとしてその他の完成を詳説してみたい。

無分別智

無分別智の完成と智の完成とは基本的には異ならないことを、「智の完成」の項で述べたので、ここでは特に分けないで述べる。禅定の完成はそれへの一つの重要な道であるといえる。無分別智の完成の特色は、物事を不変・独立的な実体として把えないことであった。初期般若経典は、このことを種々の形で説く。まず『二万五千頌般若』での、無分別智の完成についての発言を調べてみよう。

仏弟子の一人であるシャーリプトラが、「菩薩（求道者）」を、無分別智の完成の立場から、世尊《せそん》（釈迦）に述べている。

「世尊よ、また菩薩とは説法による仮設の法であります。それはいかなる蘊《うん》・界・入乃至《にゅうないし》不共仏法《ふぐうぶっぽう》によっても説かれません。正にこれは仮設された法であります。世尊よ、それはあたかも夢が何によっても説かれず、響き・影・映像・化人《けにん》が何によっても説かれないようなものです。それはあたかもまた、世尊よ、地・水・火・風・虚空の名が何によっても説かれないようなものです。それはあたかもまた、世尊よ、戒・定・恵・解脱・解脱智見という名が何によっても説かれないようなものです。預流《よる》・一来《いちらい》・不還《ふげん》・応供《おうぐ》・独覚《どっかく》乃至菩薩法《ぼさつほう》・如来・覚者・真如《しんによ》・仏法《ぶっぽう》という名が何によっても説かれないようなものです。善あるいは悪・罪《ざい》・不罪《ふざい》・楽・苦・我・無我・寂《じゃく》・不寂《ふじゃく》・離《り》・不離《ふり》・相《そう》・無相《むそう》・性《しょう》・無性《むしょう》（等の義）によって、私が（菩薩とは）かくのごとくと言えば、それは正に私にとって、醜行《しゅうぎょう》でありましょう。私は一切法の収入も支出も得ず、随見《ずいけん》もしないのに、命名のみによって、菩薩とはと、その収支をなしえましょうか。また実に、世尊よ、その命名もまた立ってもいず、立ってなくもなく、住んでもなく、住んでなくもありません。それはなぜでしょうか。その命名が（実体として）存在しないからです。このようにその名は立ってもいず、立ってなくもなく、住んでもなく、住んでなくもありません。そして、この世において、世尊よ、このように菩薩の無分別智の完成が説かれるとき、その心が滞《とどこお》ることなく、畏縮することなく、後悔することなく、心が驚かず、疑わず、怖畏しなければ、間違いなくその大士は不退転の菩薩地に留まり、不住によって、良く留まると知られるべきです。」（二二六～二二九頁二〇六節[1]）

1) *Pañcaviṃśatisāhasrikā Prajñāpāramitā*, ed. by N. Dutt（『二万五千頌般若』）Calcutta Oriental Series No. 28, London 1934.
以下本書を梵本『二万五千頌般若』と呼び、拙訳によって紹介する。六五頁一五行までの引用はすべて『二万五千頌般若』による。引用頁の後の節番号は、わたくしの区分による。

真如も不変・固定ではない

無分別智は真如も不変・固定のこととは観ない。梵本『二万五千頌般若』はスブーティの言として、こういう。

「さらにまた、世尊よ、菩薩大士は無分別智の完成を行ない、真如に留まるべきでない。それはなぜでしょうか。何となれば、真如は真如の自性により空である。また世尊よ、真如の空性であるそれは真如ではなく、また真如を離れて空性はなく、真如こそが空性《くうしょう》であり、空性こそが真如である。さてまたそれゆえに、世尊よ、菩薩大士は無分別智の完成を行ない、真如に留まるべきでなく、同様に法性に留まるべきでない。それはなぜでしょうか。何となれば、法性は法性の自性により空であるなど、上記と同じであり、また法界・法の決定、真際《しんさい》についても同様である。」（一三二頁二一三節）

現象界は無我であり、無常である。そのような現象界と相即において見い出される法もまた、不変・固定でありえない。

具体的な例に置き換えて考えてみよう。「A病原菌」に有効であった「B薬」が、長く使用している内に効かなくなることがある。「A病原菌」が「B薬」に対して免疫性を得るからである。そうすると、「A病原菌」には「B薬」という、従来の法則は崩れることになる。そこで新たに「A病原菌」に対する対応を編み出さなければならないことになる。このように今まで有効であった法則が、法則自身としても変わっていく。このことを一般的に述べたのが、先の文である。

このような発想が無分別智には随所に見られる。さらにいえば、現象そのものも、無分別で固定しない。それと相即にある法もまた固定しない。同書に、スブーティの言として、次の様にある。

「さらにまた、世尊よ、菩薩大士は無分別智の完成を行ない、良い方便がなく、我とか我がものの果《か》を（生む）心で、もしも物質的現象に立つならば、（彼は）物質的現象の概念をなすのであって、無分別智の完成をなすのではない。もしも感覚・表象・意志に、もしも分別知に立つならば、分別知の概念をなすのであって、無分別智の完成をなすのではない。それはなぜでしょうか。概念をなせば、無分別智の完成を実に把えず、無分別智の完成との結合に至らなければ、無分別智の完成を満たさず、無分別智の完成を満たさなければ、一切相智《いっさいそうち》を得ないであろう。それはなぜでしょうか。何となれば、世尊よ、物質的現象は把えられず、感覚・表象・意志・分別知は把えられないからです。それはなぜでしょうか。物質的現象の不把捉《ふはそく》であるそれは本性の空性のゆえに物質的現象ではなく、感覚・表象・意志・分別知の不把捉であるそれは同様に、本性の空性のゆえに分別知などでなく、真際の不把捉に至るまで同様である。それはなぜでしょうか。真際の不把捉であるそれは本性の空性のゆえに真際ではなく、同様に菩薩大士は無分別智の完成を行ない、一切法は本性空であると観察すべきである。いかなる法にも心が行かないように観察すべきである。これが菩薩大士の一切法不把捉持という三昧円《さんまいえん》であり、（それは）大きく、無量に尊敬さるべきで、間違いなく一切の声聞《しょうもん》・独覚《どっかく》によっては、征服し難きものである。」（一三二～一三三頁二一五節）

このような見方をする人は、涅槃《ねはん》も固定的には考えないことになる。先のスブーティの言の後の方で、次のようにいう。

「彼はまた涅槃も考えない、一切法の不把持不捨離《ふはじふしゃり》の故に。それはなぜでしょうか。一切法の不把持不捨離であるそれが無分別智の完成である。世尊よ、これがまた菩薩大士の無分別智の完成である、此岸《しがん》・彼岸を渡らざるが故に。この（菩薩大士は）物質的現象を把持せず、乃至分別知を把持しない、一切法の不把持の故に。乃至もしくは別もしくは總《そう》の蘊・界・入・縁起・念住乃至仏法・空性・相・願・無行・法界・法性・法の決定・三昧門《さんまいもん》・呪句門《じゅくもん》・乃至三昧《さんまい》を把持しない、一切法不把持の故に。また完全な涅槃にはいること・願《がん》乃至仏《ぶつ》の十力《じゅうりき》・四無《しむ》所畏《しょい》・四無礙解《しむげげ》・一八不共仏法を把持しない。それはなぜでしょうか。何となれば、一切法は法ではなく、乃至念住乃至仏法は法ではなく、またそれらの法は法ではない。これが菩薩大士の無分別智の完成である、一切法の不把持の故に。」（一三五頁二一五節）

無分別智はその名の示す通り、一切を分別しないことに特色があるので、常識からすると奇妙に思えるような生死についても、根本的には認めないのである。仏弟子のスブーティとシャーリプトラとの対話の形で次のようにいう。

シャーリプトラは言った。

（シ）「長老スブーティよ、もしも菩薩大士がこのように学べば、彼は一切相智を成就するであろうか。」
　スブーティは言った。
（ス）「その通りです、長老シャーリプトラよ、もしもこのように学べば、彼は一切相智を成就するでしょう。」
（ス）「それはなぜでしょうか。何となれば、長老シャーリプトラよ、一切法《いっさいほう》は不生・不出だからです。」
　シャーリプトラは言った。
（シ）「いかなる理由で、長老スブーティよ、一切法は不生・不出ですか。」
　スブーティは言った。
（ス）「長老シャーリプトラよ、物質的現象は物質的現象の自性上空であり、その生も出も得られない。感覚・表象・意志・分別知についても同様である。同様に、詳しくは、もしくは別もしくは総の蘊・界・入・縁起においてなさるべきであり、乃至実際は実際の自性上空であり、その生も出も得られない。実にこのように、シャーリプトラよ、菩薩大士が無分別智の完成を行ない、一切相智に近づき、さらに一切相智に近づけば近づくほど、それだけ身の清浄・心の清浄・相の清浄に向かう。身の清浄・心の清浄・相の清浄に向かえば向かうほど、それだけ菩薩大士の物質的現象と共なる心は生ぜず、過ちと共なる心・迷いと共なる心・慢《まん》と共なる心・

貪《むさぼ》りと共なる心・悪見と共なる心は生じない。」（一三七～一三八頁二二〇節）

以上無分別智による発言をいくつか見てきたが、『二万五千頌般若』は、六つの完成やその他の諸法を説きながら、その根本である無分別智を、手を替え品を替え説いているともいえる。体験の面から見れば、無分別智はゴータマのであれ、その他の覚者のであれ、共通であるが、言語表現の世界では種々なる形を取る。なるべく多くの人に理解してもらうための、謂《い》わば言語表現の世界における工夫といえる。同じことについて述べても、ある表現ではわかりづらいが、別の表現ではぴんと来るということがあろう。どの表現がぴんと来るかはそれぞれの読者によって異なるであろう。そういった意味で、色々な言語表現のうちに、各自にぴったり来るものがあると思うので、『二万五千頌般若』で表現されている言い方を、いくつか紹介しておこうと思う。

無分別智の種々の発言

第一には、無分別智から観たとき、「分別しない」という表現が使われる。仏弟子のスブーティとシャーリプトラとの対話の形で次のようにいう。

シャーリプトラが言った。

（シ）「長老スブーティよ、これらの三昧に住する菩薩大士は如来・応供・正等覚者によって、授記されていますか。」

　スブーティが言った。

(ス)「いいえ、そうではありません、長老シャーリプトラよ。それはなぜでしょうか。何となれば、長老シャーリプトラよ、無分別智の完成は他のことではなく、三昧は他のことではなく、菩薩は他のことではなく、菩薩こそが三昧であり、三昧こそが菩薩だからです。」

　シャーリプトラが言った。

(シ)「長老スブーティよ、もしも三昧が他のことではなく、菩薩が他のことでなければ、三昧こそが菩薩であり、菩薩こそが三昧である、一切法が等しきが故に。(その時)三昧を見ることはいかにして可能ですか。」

　スブーティが言った。

(ス)「実にそうではありません、長老シャーリプトラよ。」

　シャーリプトラが言った。

(シ)「さらに長老よ、その善男子《ぜんなんし》がその三昧を知るでしょうか。」

　スブーティが言った。

(ス)「長老シャーリプトラよ、その善男子はその三昧を知らない。」

(シ)「どのように知らないのですか。」

（ス）「分別しないように。」
（シ）「どのように分別しないのですか。」
（ス）「一切法を知らないように、正に三昧を分別しない。長老シャーリプトラよ、この理由によって、菩薩大士は知らない。」
（シ）「どのように知らないのですか。」
（ス）「その三昧を分別しないように菩薩大士は知らない。」（一四五頁二三〇節）

第二には、種々なる法を、「（実体としては）思わない」という表現がある。これはスブーティの言として述べられる。

「またさらに、シャーリプトラよ、菩薩大士は無分別智の完成を行ない、つぎのように学ぶべきである。物質的現象は知られるべきであるが、それを（実体として）思わないように、感覚・表象・意志・分別知は知られるべきであるが、それらを（実体として）思わないように、眼は知られるべきであり、同様に耳・鼻・舌・身・意は知られるべきであるが、それらを（実体として）思わないように、色・声・香・味・触・法は知られるべきであるが、それらを（実体として）思わないように、施しの完成から、無分別智の完成までは知られるべきであるが、それらを（実体として）思わないように、同様に五神通《ごじんつう》・五眼《ごがん》・四念住《しねんじゅう》・（四《し》）正断《しょうだん》・神足《じんそく》・根《こん》・力《りき》・覚支《かくし》・道《どう》は実践されるべきであるが、それらを（実体として）思わないように、四無所畏・一〇の如来の力・四無礙解・一八不共仏法は知られるべきであるが、それらを（実体として）思わないように、このように学ぶべきである。実にこのように、シャーリプトラよ、無分別智の完成を行なう菩薩大士により、実に覚りの心が学ばれるべきであり、実に平等の心が、実に高揚せる心が学ばれるべきであるが、それらを（実体として）思わない。それはなぜであるか。何となれば、その心とは心でないからであり、心の本性は明浄《みょうじょう》であるからである。」

（一二一頁一九九節）

第三には、代表的な専門用語である「空（性）（śūnya, śūnyatā）」という語を使い、諸法は「空（性）である」という表現がある。

これもスブーティの言としていわれる。

「さらにまた世尊よ、菩薩大士は無分別智の完成を行ない、物質的現象に留まるべきでなく、乃至分別知に留まるべきでない。彼は眼に留まるべきでなく、乃至意に留まるべきでない。彼は色に留まるべきでなく、声に乃至法に留まるべきでない。彼は眼の分別知に留まるべきでなく、乃至意の分別知に留まるべきでない。彼は眼触《げんそく》に留まるべきでなく、眼触因縁生《げんそくいんねんしょう》の感受に留まるべきでなく、乃至意触・意触因縁生の感受に留まるべきでない。彼は地界に留まるべきでなく、乃至分別知界に留まるべきでない。彼は無明に留まるべきでなく、行に乃至悪意の愁に留まるべきでない。それはなぜでしょうか。何となれば、世尊よ、物質的現象によって空であるからです。感覚乃至分別知は感覚性・分別知性によって空であり、また世尊よ、物質的現象の空性が物質的現象ではない。また空を離れて物質的現象はなく、物質的現象こそが空性であり、空性こそが物質的現象である。感覚・表象・意志・分別知に至るまで同様であり、世尊よ、分別知の空性は分別知ではなく、空性を離れて分別知はなく、分別知こそが空性であり、空性こそが分別知である。」（一二八頁二〇七節）

第四には、「把えられない」という表現がある。これもスブーティの言として述べられる。

「一切相智は相（記号）より把えらるべきでなく、相は実に汚れである。」（一三三頁二一五節）

第五には、「無性が自性（abhāvasvabhāva）である」という表現がある。

(ス)「また無分別智の完成を行ない、もしも何かの法へ近づけば、無分別智の完成を行なわない。近づかなくて行なわず、近づいても近づかなくても行なわず、正に近づかず、また近づかないことがなくても、無分別智の完成を行なわない。」

シャーリプトラが言った。

(シ)「いかなる理由で、長老スブーティよ、菩薩大士は無分別智の完成を行ない、近づかないのですか。」

スブーティが言った。

(ス)「何となれば、長老シャーリプトラよ、無分別智の完成の自性は得られないからです。それはなぜでしょうか。何となれば、無分別智の完成は無性が自性であるからです。この故に、長老シャーリプトラよ、菩薩大士は無分別智の完成を行ない、近づかず、行なわず近づかず、行ない行なわず、また行き近づかず、行なわず、行なわないこともなく、近づかない。それはなぜでしょうか。何となれば、それにより一切法は無性が自性であると、随行《ずいこう》され、随得《ずいとく》される。もしもこのように無分別智の完成をなし、菩薩大士の心が滞らず、怖れず、驚かず、震えず、怖畏せざれば、長老シャーリプトラよ、この菩薩大士は一切相智の座にある、と知られるべきである。」(一四一頁二―二五節)

スブーティの言として、また次のようにいう。

「世尊よ、響きは正に無性の自性であり、影・化人・像もそうであり、同様に五蘊は無性の自性によって得られません。」(一五四頁二四四節)

第六には、「無語義」とか、「無句義」の語で表現する。

(ス)「世尊よ、菩薩と言いますが、菩薩とは、何が語の意義ですか。」

(世)「スブーティよ、無語義が菩薩の語義である。それはいかなる理由でか。スブーティよ、覚りは発生性も非存在性もなく、あることもなく、得られもしない。それゆえに、無語義が菩薩の語義である。譬ば、スブーティよ、虚空に鳥の跡があらず、得られないようなものだ。正に同様に、スブーティよ、菩薩の語義もあらず、得られない。」

(世)「譬ば幻人《げんじん》の物質的現象の句義が存在せず、得られないように、このように、スブーティよ、菩薩大士が無分別智の完成を行なうとき、菩薩の句義は存在せず、得られない。感覚・表象・意志についても同様である。譬ば幻人の識・根・入・識の句義が存在せず、得られないよ

うに、菩薩大士が無分別智の完成を行なうとき、菩薩の句義は存在せず、得られない。」（一六〇〜一六一頁二五九〜二六〇節）

第七には諸法を「得ない」という表現がある。世尊の言として、次のようにいう。

「シャーリプトラよ、自我を得ず、乃至衆生・生者・養者・人（puruṣa）・個我・人（manuja）・人（mānava）・行者・知者・識者・見者を得ず、畢竟浄《ひっきょうじょう》の故に。乃至もしくは別もしくは総の聚《じゅ》・界・入・縁起を得ず、畢竟浄の故に。苦・集・滅・道を得ない、畢竟浄の故に。色界・無色界・無量の禅定・無色定を得ない、畢竟浄の故に。念住・正断・神足・根・力・覚支・道を得ない、畢竟浄の故に。完成を得ない、畢竟浄の故に。十力・四無所畏・一八不共仏法を得ない、畢竟浄の故に。預流・一来・不還・応供・独覚・菩薩・仏を得ない、畢竟浄の故に。」（一四六頁二三二節）

第八には、「諸法はそれ自身によって空である」という表現がある。世尊の言として、次のようにいう。

「彼らは信じない。何として信じないのか。物質的現象は物質的現象によって空であると信じない。乃至覚りは覚り自身によって空であると信じない。」（一四八頁―三四節）

第九には「得ず見ない」という表現がある。世尊とシャーリプトラとの対話で、次のようにいう。

シャーリプトラが言った。

（シ）「世尊よ、さらに菩薩大士はいかにして無分別智の完成を学び、学ぶにしたがって、一切相智に出で行くのですか。」

世尊は言われた。

（世）「シャーリプトラよ、菩薩大士が無分別智の完成を行なうときには、無分別智の完成を得ず、見ない。シャーリプトラよ、実にこのように菩薩大士は無分別智の完成を行ない、無分別智の完成を学び、一切相智に出で行くであろう、不可得のゆえに。同様に禅定の完成乃至施しの完成を得ず、見ず、乃至覚・一切相智を得ず、見ない。シャーリプトラよ、実にこのように菩薩大士は無分別智の完成を行ない、無分別智の完成を学び、一切相智性に出で行くでしょう、不可得のゆえに。」（一四九頁―三五節）

第一〇には、諸法は「無常であり、不可得である[1]」という表現が見られる。

第一一には、諸法は「不生不滅」であるという表現が見られる。

「色（物質的現象）は不生不滅である[2]」

第一二には、諸法は「二相ならず」という表現がある。

「菩薩はまた、一切法は二相ならずと知るべし。不動の故に。これを菩薩の義と名づく。[3]」

以上色々な表現を引用したが、これらは無分別智的表現の一端であって、他にも色々な言い方をする。引用しただけでも、色々な表現が見られたが、要はまさに無分別智の言葉がいみじくも示しているように、時間的にしろ、空間的にしろ物事を分別しない方向に帰している、といえよう。真相は無分別であって、分別は便宜的であることを示している、といえよう。ある意味ではインドの哲学ほど、細かい分別を好むものはないといってもよいかもしれない。しかしそのようにして分別されたものを、もう一度、無分別智の目で見直したのが、般若経典の哲学といえる。

1)『摩訶般若波羅蜜経』幻学品第一一『大正』第八巻二四〇頁下
2)同書、句義品第一二『大正』第八巻二四二頁上
3)同書、同品『大正』第八巻二四三頁中

『二万五千頌般若』は以上見てきたように、無分別智による多くの発言をしているが、無分別智とは何かという、無分別智の定義はしていない。なぜか。無分別智は根本的には、主観・客観をも分けない知恵であったので、主語・客語を分ける言語表現にも、根本的には馴染《なじ》まないものであったからである。したがって、先のような無分別智の発言を通して、自ら体得するしか方法のないものである。このことを踏まえた上で、敢えていえば、無分別智とは、存在の真相は無分別であると、如実に知る知恵といえよう。この知恵の最も重要な点は、奇妙な一つの知恵というようなことではなく、存在の真相を把えたという点にある。人類史上、初めて無分別智に気づいたのは、現存する文献によるかぎり、ゴータマであった。したがってゴータマを覚者（Buddha, 仏陀）と呼ぶことができる。ここに思想家としてのゴータマの重要さ、またそのことを説いた仏教の重要さがある。

無分別智の要点

われわれが今までも、またこれからも使用する言葉「第一の仏教」とは、ゴータマの仏教に繋《つな》がる仏教であると理解されたい。それに対して「第二の仏教」とは、「第一の仏教」からなんらかの

点で、ずれたもの、と理解されたい。「第二の仏教」も仏教史の中で展開されたものである以上、仏教でないとはいえないが、少なくともゴータマの仏教の正しい発展であるとはいえないものを指すことにする。

仏教思想史上の『二万五千頌般若』の位置

ゴータマの哲学者・実践者としての一生の要は、次の四点にまとめ得よう。

一、覚者となることを求める。
二、覚者となる。
三、覚者としての生活を送る。
四、覚者で満ち溢《あふ》れた世界を作ることに努める。

これが原始仏教時代のゴータマが行なったことであった。したがってこの四点が、仏教の要ともいえる。『二万五千頌般若』もこの点を正しく継承しようとした。つまり歴史上のゴータマが行なった道を模範として、一般の善男子・善女人の道としたのである。したがって根本のところは、原始仏教のゴータマの思想と『二万五千頌般若』の思想は一貫しているといえる。そうすると原始仏教と『二万五千頌般若』を含む初期の大乗仏教の思想とは、基本的には異ならないことになる。

しかし「原始仏教」「大乗仏教」と異なる名称で区別されている以上、何らかの点で違いがあるはずである。無論それぞれが展開した時代の違いもあるが、それだけではない。その生活形態において、違いがあった。つまり、原始仏教においては、先の根本の四点を、出家の姿において行なうことを主とした。それに対して大乗仏教――少なくとも初期の大乗仏教においては、先の四点を在家のままで行なうことを主にした。この点だけが大きな違いである。したがって、原始仏教においては、戒・定・恵の三学が、出家の生活と結び付いて重視された。しかるに初期の大乗仏教においては、戒・定・恵の三学に、施し・忍耐・精進の三項目を加え、全体で六つの完成としたのである。後の三項目は、どちらかというと、在家者の徳目として、重視されていたものである。

一般に般若経典が実践徳目として六つの完成を掲げてきた理由と経過は、まさに出家と在家に、ここでも分けずに、それらの統合として、両者に関係の深かった項目を統合したといえよう。したがってこれは出家に対する在家の重視ということでもなく、在家のままで、最高の思想を心身に得ようとするものである。

われわれは『二万五千頌般若』に至って、このような立場が明確になったことを知る。つまり、「在家のままで、最高の思想を心身に得ようとする立場」が明確になったといえる。思想史的に見るとき、『二万五千頌般若』に先行するものとして、『八千頌般若』があった。今『八千頌般若』と『二万五千頌般若』の思想史的意義を考えるとき、『八千頌般若』はゴータマ以降の、われわれの分類による第二の仏教化傾向を反省し、ゴータマの仏教を復活したといえる。その意味で「最高の思想を心身に得ようとする立場」を重視したといえる。『二万五千頌般若』はこの上に立って、さらに「在家のままで、最高の思想を心身に得ようとする立場」を明確にしたのである。その意味で、『二万五千頌般若』は大乗仏教の立場をはっきり出したといえる。

ところで現形の梵本《ぼんぽん》『八千頌般若』や梵本『二万五千頌般若』が、われわれが分類した「第一の仏教」で統一されているわけではない。実際の形は「第一の仏教」と「第二の仏教」の混合態である。これは時の流れと共に、「第二の仏教」的なものが混じってきたためと思われる。したがって、『八千頌般若』や『二万五千頌般若』を読む際に、さらには一般に般若経典を読む際に、注意しなければならない点は、思想史的に重要な意義を果した「第一の仏教」の部分を、見落とさないことである。このことによって、われわれは、般若経典の最も重要な点を読み取ることになるであろう。

倫理学
——人々は倫理によって人間らしく生きられる——

倫理の重視

とかく仏教というと、われわれは覚りの面に目が行き、倫理を少し軽く見る傾向がなきにしもあらずであるが、ゴータマは覚りと共に倫理を大変重視した。「奉行衆《ぶぎょうしゅ》善《ぜん》、莫作諸悪《まくさしょあく》、是諸仏教《ぜしょぶっきょう》」（諸々の善は奉行し、諸々の悪はしない。これが諸々の仏の教えである。）といわれる所以《ゆえん》である。般若経典もゴータマのこの立場を継承した。六つの完成の中の施しの完成や道徳の完成や忍耐の完成がこのことを良く示している。以下主に、般若経典から倫理について、どのようなことが読み取れるか調べてみよう。

倫理等の言葉の定義

以下の論述に当たり使用用語の定義をしておきたい。「倫理」とは漢語の意味にしたがって、「倫（なかま）の理法」の意味に取る。「倫理学」とは、「仲間の理法に関する学問」とする。「善」とは倫理に合致することであり、「悪」とは倫理に反することである、とする。「道徳」とは倫理を心身に得ることとする。六つの完成中の「戒の完成」は「道徳」に最も近いと思う。倫理・道徳・倫理学をこのように把えると、倫理学として探究さるべき問題は多岐にわたる。倫理の根拠のほか、倫理の絶対性・相対性、倫理の適用範囲、倫理の基本的性格、倫理の具体的内容などが考えられる。これらの事が、主に般若経典からしたら、どのようにいえるかを調べてみよう。さらに般若経典が説く六つの完成の中の倫理的色彩の強い項目である施しの完成・道徳の完成・忍耐の完成・精進の完成についても、調べてみたいと思う。まず後者の事項を見、さらに前者の一般的な問題に移りたいと思う。

施しの完成

施しというと、物質的なものにしろ、無形のものにしろ、個人的に他の個人に対して与えなければならないと思いがちであるが、これはもっと広い意味に考えてよい。現代の人々の生活は、自給自足の部分はほとんどないといってよい。分業社会においては、それぞれが生産したものを皆で分かち合うことになる。故に、最良のものを生産し社会に提供しようとする努力の中に、現代における施しの完成を見いだすことができるのではないだろうか。それぞれの分業の中で、衣食住をはじめ、自動車・航空機などより良いものを生産することは、直接・間接に他者に対して施しを行なうことになるであろう。学問や技術など無形のものも、同様により良いものを提供することによって、社会を潤すことになろう。

前項のような施しの仕方が、般若経典でいう施しの完成に通ずるものである。梵本『二万五千頌般若』で、世尊と仏弟子スブーティとの対話で、スブーティは次のようにいう。

施しの完成の仕方

「さらにまた、世尊よ、菩薩大士は無分別智の完成を行ない、施しの完成に留まるべきでない。それはなぜでしょうか。何となれば、施しの完成こそが施しの完成の自性により空であり、他の完成も同様である。そのゆえに、世尊よ、菩薩大士は無分別智の完成を行ない、施しの完成に留まるべきでなく、乃至無分別智の完成に留まるべきでない。[1)]」

完成という限りは、やはり無分別智を反映していなければならないのである。般若経典はいかなる事物も、固定的不変的な実体として把える事を否定する。したがって次のようにもいわれる。

「施しの完成から、無分別智の完成までは知らるべきであるが、それらを（実体として）と思わないように[2)]」

その上で、梵本『金剛般若経』では次のようにいう。

「菩薩大士はものに囚われて、施しを施すべきでなく、何かに囚われて、施しを施すべきでない。[3]」

「菩薩大士は跡を残したいという思いに、囚われないように、施しを施すべきである。[4]」

これらの事が狙っていることは、わたくしが、誰に、何を施す、という思いをできるだけ空にしていき、施者・受者・施物の三つが清浄であることを願うのである。

なお忍耐の完成と精進の完成については「人生論」で触れたので、ここでは省く。道徳の完成（持戒の完成）については、後で述べる項目「倫理の具体的内容」の中で詳しく述べたいと思う。

1) 梵本『二万五千頌般若』一三〇頁二一〇節
2) 同書一二一頁一九九節
3) *Vajracchedikā Prajñāpāramitā*, ed. by E.Conze, S.O.R.XIII, Roma Is.M.E.O.1957, p. 29　以下本書を、梵本『金剛般若経』と呼ぶ。
4) 梵本『金剛般若経』二九頁

倫理の根拠

倫理の根拠とはどういうことか。われわれは歴史的社会の中で色々な倫理を持ってきた。人を殺してはいけない。人のものを盗んではいけない、等々。これらを守ることは善と考えられ、破ることは悪と考えられている。このような倫理的命法に善悪の判断を与える最終的な拠り所のことを倫理の根拠という。実は倫理の根拠に対しても色々な学説がある。大きく分ければ、他律説と自律説に分かれる。先の「人を殺してはいけない。人のものを盗んではいけない、等々。」の命法を神が与えたものなるがゆえに善なのである、と考えれば、それは他律説となる。同じ命法をわれわれ自身が考えて守るべきことにした、と考えれば、それは自律説となる。他律説・自律説ともさらに細かに分かれるが、今は深入りしない。要するにここで問題にしようとしていることは、大乗仏教の場合、厳密には般若経典の場合、倫理の根拠をどこに置いているかという問題である。

無分別智後分別智

般若経典は今まで見てきたように、無分別智の重要性を説いていた。「人生論」において見てきたように、この無分別智は物事を分別する智である分別知に対する語であった。ところで般若経典は倫理の根拠という形では直接説いていないが、単なる分別知を否定し、無分別智の重要性を力説し、その無分別智を通過した後の分別知は否定しない点に、このことを求めていくことができる。

その理由はこうである。分別知は仏教では一般に真相を観る智ではなかった。かつ実体化・絶対化に陥り易い知であった。したがって分別知に倫理の根拠を求めることは、色々な価値観に基づく倫理を形成することはできるが、普遍性の点で十分でない。

次に無分別智に倫理の根拠を求めたらどうか。無分別智は般若経典の要ともいえる重要な概念ではあるが、実はこれに、直接的に倫理の根拠を求めることもできない。その理由は、無分別智は倫理が重視する善悪をも超越してしまうからである。このため、無分別智は直接的には倫理の根拠になりえないが、間接的には依然として重要な意味を持つ。

第一には善・悪をも含めて、われわれが立てている価値に対する反省を促す。無分別智は善・悪をも含めて、あらゆる法の実体化・絶対化を否定することであった。この立場からは、「絶対的善」も「絶対的悪」も成立しない。つまり無分別智がわれわれに教える第一のことは、善・悪をも含めて、いかなる法も絶対的ではない、という点である。以上のことからいえることは、無分別智の重要さは、分別知が絶対化するものを、すべて絶対ではありえないとする点である。

第二の点は、第一の点を受け、無分別智に一度立った上で、しかる後に分別知に立つ事によって、実体化・絶対化しない価値観（今の場合は倫理）を展開できるということである。

先に述べたように、般若経典は直接に倫理の根拠を述べているわけではないが、その行間を読み取れば、無分別智を通過した後の分別知に、その根拠を置いている、と読み取れる。そこで今、このことを明確にするために、私の造語であるが、無分別智後分別智という概念を導入することにする。この語の意味は、無分別智を了解した後の分別智の意味である。単なる分別知を、すなわち無分別智を了解していない分別知を「分別知」とし、造語の方を「無分別智後分別智」と便宜上、書き分けることにする。結局、般若経典はこのような意味での無分別智後分別智の上に倫理の根拠を置いている、と読み取れる。単に倫理の根拠のみならず、広く価値に関することは、無分別智後分別智の上に置いているといえる。

倫理の絶対性・相対性

次に倫理の絶対性・相対性ということを考えてみたい。ここでの問題は、一般的にいうと、倫理的命題は絶対的であるか、相対的であるか、ということである。先ほどの例文を命題に変えればこうなる。人を殺すことは悪である。人のものを盗むことは悪である。あるいはこうもいえる。人を殺さないことは善である。人の物を盗まないことは善である。このような命題はいつ・どこででも通用するようにも思える。もしも倫理的命題がいつ・どこででも通用するものであれば、倫理は絶対的であるといえる。もしそうでないとすれば、倫理的命題は相対的であるということになる。

われわれは一方で倫理的命題がいつ・どこででも通用する絶対的なものであって欲しいと願う。しかしまた他方では、なかなかそう思えない場面にも出会う。例えば、人を殺すことは悪である、ということは、日常の生活においてはその通りであるが、戦争という場になると是認されてしまう。いつ・どこででもと思っていることが、脆《もろ》くも崩れ去ってしまうのである。人のものを盗むことは悪である、というが、他国の領土を奪う場合はどうなのか。われわれの倫理観はたちまち混乱を起こす。大乗仏教の場合、以下一々断らないが厳密には般若経典の場合、倫理の絶対性・相対性はどのように考えうるかを考察してみたい。

相対的な倫理観

般若経典は無分別智を重視していた。梵本『二万五千頌般若』に無分別智の眼を備えた菩薩大士の事が述べられているので見てみよう。世尊と弟子のシャーリプトラとの対話で述べられる。

「世尊よ、なにが菩薩大士の浄い無分別智眼ですか。」

「シャーリプトラよ、その無分別智を備える菩薩大士はいかなる法も、(即ち)有為あるいは無為、善あるいは悪、非難さるべきことあるいは非難さるべからざること、有漏《うろ》あるいは無漏《むろ》、苦悩あるいは苦悩のないこと、世間的なことあるいは超世間的なこと、汚《お》あるいは浄化を知らない。その無分別智眼ある菩薩大士によっては、いかなる法も見られず、聞かれず、思われず、認識されない。シャーリプトラよ、これが菩薩大士の浄い無分別智眼である。[1]」

この一例からも、われわれは、般若経典が善法も悪法も絶対的なものとは見做《みな》していないことを知る。般若つまり無分別智は一切を実体化・絶対化することを否定していたからである。根本の視点からしたときは以上の通りである。

しかしこのことは倫理の世界を軽く見ることではない。先にも述べたごとく仏教の根本は覚りと倫理にあるとさえいえる。その意味で倫理を決して軽視するのではなく、善・悪すらも一度超越したところから、倫理を積極的に構築しているのである。つまり無分別智によって、善・悪は一度超越されるが、無分別智後分別智によって、倫理は再構築されるのである。

以上のことから般若経典の立場を要約すれば、倫理を重視するが、倫理は絶対的なものではなく、相対的なものとして把える、という立場である。

1) 梵本『二万五千頌般若』七八頁一四六節

倫理の適用範囲

倫理とは倫《なかま》の理であった。ではこの場合、倫《なかま》とはどこまでをさすのか。倫《なかま》をどこまでとするかによって、また色々な倫理が出来上がってくる。以下、般若経典を中心とする大乗仏教の場合、どこまでを倫《なかま》とするかを考えてみよう。

人の倫《なかま》　倫《なかま》の中でまず最初に挙げうるのは、人の倫《なかま》である。ところで同じ人々同士でありながらも、歴史的には人を人とも思わないこともあった。一般に奴隷といわれる人々は、人でありながら人の倫《なかま》からは除外されていた。インドでも昔はヴァルナ（varṇa, カーストのこと）といわれる身分制度があり、シュードラ（śūdra）と呼ばれる奴隷階級は、人間的な扱いを余り受けていなかった。

仏教はこのような身分制度には反対していた。それは平等こそが社会におけるあるべき姿と考えたからである。したがって生まれによって、人々を身分に分けて、差別することには反対の立場をとったのである。それゆえ仏教の場合は、すべての人々がその倫《なかま》として見做される。

衆　生　仏教では衆生《しゆじよう》の幸福とか、衆生を涅槃に導く、という様なことをよくいう。

その大なる光の輝きによって照らされ輝いた衆生の一切は、無上の正等覚と結びついた。[1)]

とか

菩薩大士が十方の各々のガンジス川の砂に等しい世界において、（そこにいる）衆生一切を無余涅槃界に完全に涅槃させる事を欲するならば、知恵の完成において、学ぶべきである。[2)]

など。

この衆生という言葉はサンスクリット語のサットヴァ（sattva）の訳語であるが、この語は「苦痛を感ずるもの」すべてを意味する。したがって、当然人も含まれるが、虎や猫などの動物も大体含まれることになる。そうすると衆生までを仏教でいう倫《なかま》と考えるならば、人類のみならず、動物たちも一般に含まれることになる。このような性格を一面に持っていることを注目しておきたい。

勿論《もちろん》われわれは言葉をもって動物に語りかけ、理解し合うことはできないが、倫《なかま》として受け入れていくことはできる。いい換えれば慈悲の思いを動物界にまで広げていこうとする態度である。その意味では、人間主義を超えた考え方を示している。

かくして大乗仏教は、その利他的性格とも相俟《あいま》って、地獄・動物・ヤマ（Yama, 閻魔《えんま》）の世界の衆生が救われていく姿を述べる。

東方のガンジス川の砂に等しい世界において、（また）南方・北方・中間方・上方・下方の一切の十方の各々の方角の、ガンジス川の砂に等しい世界において、一切の地獄・一切の動物・一切のヤマの世界は破壊されて、空になった。また時機を逸《いっ》していた一切のものが終わりとなった。そしてかの地獄・動物・ヤマの世界趣《せかいしゅ》より離れ去った衆生達一切は、天・人の状態に入りつつあった。天・人の処に入った彼等は、正に仏の威力によって、前世を思いだしていた。（彼等は）思いだし、そして正にその喜びによって、各々の仏国土において、そこに現れたる仏世尊の近くに近づいて行った。近づいて行き、それら仏世尊の足を礼して、すべての者は合掌して、世尊に帰命していた。[3]

われわれは倫《なかま》を考えるとき、文字どおり衆生にまで広げることはなかなか難しい。現時点では、少なくとも人類よりも小さな特定の範囲を、倫《なかま》とすべきではないであろう。

1) 梵本『二万五千頌般若』六頁三節
2) 同書一八頁三五節
3) 同書九頁九節

倫理の基本的性格とは

映画やテレビで劇を見ると、それ全体に流れているある基本的な人間関係を見ることができる。例えば、時代劇であれば、大名が行列するときには、農工商人などが土下座して、出迎え、見送るなど。同様に現代劇を映画やテレビで見るときは、そこにはまた全体的に別の人間関係を見ることができる。例えば、議会で意見を述べ合い、投票によって事を決めていく場面など。このようにある時代・時代に、あるいはある文献に、基本的と考えられている人間関係を、今、倫理の基本的性格と呼ぶことにする。このような観点から、仏教の倫理の基本的性格を考えたらどうなるであろうか。これからこのことを調べてみたい。

自由

般若経典を主なる資料とするとき、まず自由を挙げる事ができる。般若経典では、倫理の根拠を無分別智後分別智の上に置いたので、徹底した自律主義の立場である。このような自由の上に、全倫理が形成されていく。原始仏教における『律蔵』なども、基本的には、ゴータマの――厳密にはその後継者達も含めての――自由意志によって形成されたものと見ることができる。他律に対するに、自律的な自由な性格が一つの特徴になっている。

転輪聖王

古代インドにおける理想的な王で武力を用いずに統治を行なうとされた

平等

仏教はゴータマの時代より、平等を大きな柱の一つにしてきた。そのことは当時の身分制度であったヴァルナと呼ばれる四姓制度に対しても否定的であったことを見ても頷《うなず》ける。したがってあらゆる身分の人を分け隔てすることなく、出家集団に受け入れた。社会全般に対して平等の考え方が強く、ゴータマは政治形態についても、ヴァッジ族の共和制を支持している。般若経典にも、この基本線は受け継がれている。

「さらにまた、シャーリプトラよ、無分別智を行なう菩薩大士は一切の衆生に近づき、平等心を生んだ後、一切の法の平等性を得る。一切の法の平等性を得た後、一切の衆生を、一切の法の平等性に立たす。[1]」

しかし政治形態に関しては、般若経典では、当時の現実に即して転輪聖王《てんりんじょうおう》の王政も認めている。この点はやはり一歩後退といえよう。

「シャーリプトラよ、施しの完成に住し、輪を転ずる王となり、施しを衆生に与え、正にかれらを十善業《じゅうぜんごう》支《し》に留める菩薩大士達がいる。シャーリプトラよ、施しの完成に、戒の完成に住し、多くの百の輪を転ずる王国を取り、多くの百千の輪を転ずる王国を取る菩薩大士達がいる。[2]」

1) 梵本『二万五千頌般若』九〇頁一五九節
2) 同書七〇頁一三二節

非暴力　非暴力も、特徴的なものの一つである。中国思想でいう王道の重視であり、覇道《はどう》を避けることを基本とした。暴力によって事を決めていくのは、動物の世界のことであり、人間の世界では、暴力に頼らない世界を求めたのである。この点は仏教思想の重要な点である。

よきかな落ち着きよ、よきかな自制よ、よきかな清い行為の実践よ、よきかな動物の中において害をなさないことよ。[1)]

後世マハトマ＝ガンディーが政治の世界に非暴力の考えを徹底させたのも、伝統的に良い思想を、自分のものとして採用したといえる。

1)梵本『二万五千頌般若』一〇頁一〇節

慈・悲　現代では各国とも社会福祉ということをよくいうが、このことは慈・悲の考え方が社会的にも一般化してきたといえる。慈悲と熟しても使うが、本来慈と悲とは少々異なる。慈とはサンスクリット語のマイトリー（maitrī）の訳語である。マイトリーという語は、ミトラ（mitra, 友）という語から派生した語であって、直訳すれば、「友たること」の意味である。これを中国人が慈と訳し、われわれ日本人も同様にその語を用いている。要するに、慈は生きとし生けるものを「友」として見ることなのである。

では悲はどういう意味かというと、悲はカルナー（karuṇā）の訳語である。カルナーの第一義は「叫び」の意味である。これは衆生が苦痛の時に発する叫びである。これが第一義であるが、派生義として、衆生が発する叫びに、われわれ自身がじっとしていられない意味に発展した。つまり、叫び声に対して、われわれがじっとしていられない同感的気持を表した語である。したがって、同情の意味にもなる。慈がどちらかというと、「友たること」の意味からも分かるように、同等の関係におけるあるべき情に対し、悲はなんらかの意味で、助けを求めている衆生に対する同感の情であるといえよう。

般若経典においては、大慈・大悲の形で強調される。

　大慈がなされるべきである。大悲がなされるべきである。[1]

1) 梵本『二万五千頌般若』二一頁三九節

倫理の具体的内容

今まで倫理学の基本的な観点から、主に般若経典を調べてきたが、最後にその具体的な内容に移ってみたい。倫理の具体的内容とは仏教でいえば、五戒とか十善業道といったものであり、ユダヤ教やキリスト教であればモーゼの十戒などに当たる。

般若経典の倫理の具体的内容

般若経典では、倫理の具体的内容として、どのような内容を説くのであろうか。このことを、色々な般若経典の中に求めてみたいと思う。

般若経典では、一般的には、六つの完成を主要な実践項目として挙げていた。六つの完成の中では、先に見た第一番目の施しの完成も、人間関係を充実させるための倫理的事柄を重視したものと見てよいが、第二番目の道徳の完成（戒の完成、śīla-pāramitā）が言葉としても直接関係してくる。般若経典が道徳の完成を重視していることは、覚りの世界と共に、倫理の世界を重視していることの現れである。なお広い意味では第三番目の忍耐の完成、第四番目の精進の完成も含めて考えられることは、先に触れた。以下、般若経典中に見られるはっきりした倫理や、やや広く倫理的なものを調べてみたいと思う。

八聖道中の四戒

故川田熊太郎博士は、八聖道中の、正語・正業・正命・正勤も戒である、という[1]。

般若経典でも、八聖道は重視されている。

聖なる八支の道が満たされるべきである。[2]

1)川田熊太郎「根本倫理の多様性について」壬生台舜編『仏教の倫理思想とその展開』大蔵出版、昭和五〇年所収、二九三頁
2)梵本『二万五千頌般若』一九頁三九節

五　戒

五戒は原始仏教の時代より、在家者の守るべき倫理として、重視されてきた。それらは不殺生・不偸盗《ふちゅうとう》・不邪婬・不妄語・不飲酒の五つの倫理的項目である。般若経典においても、梵本『般若心経』など小部の般若経典には出てこないが、梵本『二万五千頌般若』など大部の般若経典では述べられる。

シャーリプトラよ、菩薩大士に達して、世の中の一切の善法が明らかになる。即ち、十善業道・五戒・八分成就斎《はちぶんじょうじゅさい》・四禅《しぜん》・四無量《しむりょう》・四無色定《しむしきじょう》・五神通《ごじんつう》・四正諦《ししょうたい》・四念処《しねんじょ》・四正勤《ししょうごん》・四《し》如意足《にょいそく》・五根《ごこん》・五力《ごりき》・七覚分《しちかくぶん》・聖八支道《しょうはっしどう》が世の中に明らかになる。四無所畏が世の中に明ら

かになる。四無礙解が世の中に明らかになる。六つの完成・一〇の如来力・一八不共仏法が世の中に明らかになる。[1]

このように五戒は十善業道と並んで重視されている。以下五戒の一つ一つについてさらに考えてみたいと思う。

1) 梵本『二万五千頌般若』四二頁八五節

不殺生

五戒の第一番目は不殺生である。これは文字通り生きものを殺さないという倫理である。なお戒の語はサンスクリット語シーラ（śīla）の漢訳語であるが、人間社会に関することが殆どであるので、倫理と同義語に普通は取ってよい。中には、一見個人的側面の実践を説いているように見えるものもある。例えば不飲酒戒である。これはまた後で取り上げるが、不飲酒戒は個人的側面のようにも見えるが、社会的側面も同時にある。例えば、現代における飲酒運転の禁止などを考えてみればよいと思う。このように個人的・社会的の両方

ヴァルダマーナ像

に股がるものもあるが、戒の大体は倫理と同義語にとってよい。

さて不殺生の話に戻るが、これは他人は勿論のこと、牛とか馬とかその他の動物に対しても、できる限り殺さない、という立場の倫理である。

この考え方は、インド思想史の中で見るとき、古代のバラモン教の後に出てきた、自由思想家と呼ばれる人々の中に出てくる。主に、仏教の開祖であるゴータマや、ジャイナ教の実質的な開祖であるヴァルダマーナの思想に顕著に見られるものである。

『リグ-ヴェーダ』の宗教や、それを元にして展開されたバラモン教の宗教では、祭祀の際に犠牲が捧げられていたが、このような犠牲に対して、否定的な立場を取ったのはやはり仏教とジャイナ教である。孔子は『論語』で、「己の欲せざる所、人に施すなかれ。」といったが、ゴータマやヴァルダマーナはこの思いを、さらに苦痛を感ずる動物一般にまで広げたといえる。その意味で思想史的に見た時は画期的なことなのであって、倫理の適用範囲を、人の側から動物一般の世界にまで広げたといえる。

この考え方を、世界の人々にすぐさまひろげることはできないであろうが、われわれは少なくとも、人は殺さない、ということを一つの社会内においても、また国家間においても実践すべき時に来ている。

不偸盗 これは人のものを盗んではいけない、ということである。これも人間社会を気持ち良く成立させるための基本といえる項目である。ジャイナ教でもこの項目は、仏教と同様に重視している。そこでは「金銀財宝は人の外的生命である。これを奪えば、人を殺すことになる。[1)]」といっている。

1) ヘーマチャンドラ（Hemacandra）『瑜伽論（*Yogaśāstra*）』一～二二

不邪婬 不邪婬とは、邪な男女の性的関係を持つな、の意味である。これはインドの伝統的な倫理においてもいわれてきたものであり、それの継承といえる。

不妄語 不妄語とは、仏法に関して嘘をいってはいけない、ということを含めて、一般に嘘をいってはいけないことの意味である。嘘は他者に対する不誠実を示すことになるからである。嘘をつかれていたことを、後でわれわれが知ったとき、われわれは嘘をいった者に怒を感ずるわけであるが、それと同様に、他者にも嘘をいってはいけない、とする倫理である。

以上の不殺生・不偸盗・不邪婬・不妄語の四項目は、不殺生を少し限定し「人を殺すな」の意味に限定すれば、モーゼの十戒を始めとして、神道・儒教・道教・イスラム教でも重視されている項目である。このことはいかなる民族の人々でも、これらの四項目は人間社会を気持ち良く成立させるためには、不可欠のものと考えたといえる。原始仏教でも、大乗仏教でも、その点は同じ考え方であるといえる。

不飲酒

これは先に一言触れたように、酒を飲まないということである。酒を飲むとか、飲まないということは、一面では個人的な問題である。だが他面では社会的な側面を持つ。現在でも、禁酒協会とか、禁酒クラブのようなものがあるが、このことが社会的側面を物語っている。このような協会やクラブのようなものが、社会的に存在するということは、一つにはアルコール中毒の防止といった健康面もあるであろうが、二つには、酒が原因で社会的につい害悪を流してしまったり、また人々から信用されなくなり、落伍者となってしまったことに対する反省から、再生のために努める人々が集まってくるからである。また先にも述べた、現代における飲酒運転の禁止は、飲酒が決して個人的な問題だけに留まらないことを物語っている。仏教が不飲酒戒を入れたのは、上のような二つの意味を込めてであったと思う。

思想史的に見ると、伝統的バラモン教においては、『リグ-ヴェーダ』以来、ソーマ（soma）と呼ばれる酒を、祭祀のときに神酒として用いたり、また人々もそれを飲んでいた。『リグ-ヴェーダ』第九巻はソーマに関する歌だけを集めているほどである。これに対し、仏教では酒をどのような場合でも、一般に使用しなくなったのである。後のヒンズー教やイスラム教でも酒を飲まないことが説かれるが、多分仏教の影響であろう。

十善業道

五戒のほかに、仏典でよく見られる倫理項目が十善業道である。梵本『二万五千頌般若』にも、十善業道はしばしば出てくる。十善業道とは十の善い業（行為と思い）を道としたものである。それらは不殺生・不偸盗・不邪婬・不妄語・不両舌《ふりょうぜつ》・不悪口《ふあくく》・不綺語《ふきご》・不《ふ》貪欲《とんよく》・不瞋恚《ふしんい》・不邪見《ふじゃけん》である。不殺生・不偸盗・不邪婬・不妄語までは五戒と重なる。残りの六つは、言葉に関する部分が、より詳しくなったことと、主に心に関することが加わったことによる。一つ注意すべきは、五戒にあった不飲酒が十善業道ではなくなっていることである。五戒になかったもののみを、要約的に触れてみたい。

不両舌　これは両舌をしないということである。二枚舌を用いないことである。

不悪口　これは悪口をいわないことである。

不綺語　不綺語の「綺」とは「かざる」の意味である。したがって不綺語とは、言葉を不必要にかざらないことである。一辞典では、不綺語を「綺言　かざりことば　せず」と説明し、また「綺語」を「まことに背いておもしろくつくったことば」と説明する。[1)] 分かりやすい説明だと思う。

1)中村元『仏教語大辞典』六五五頁c

不貪欲　不貪欲は第一には、性欲を貪るな、の意味である。第二には、さらに拡大して、一般的に心の持ち方として、貪るな、の意味である。お金にしろ、物にしろ、あまりに特定の個人や、社会の特定の人達だけに片寄るようになると、社会不安をもたらすことになる。その意味で、不貪欲は、個人の段階においても、社会の段階においても考えなければならない問題である。

不瞋恚　不瞋恚は「怒り恨むことのない」の意味である。われわれは悪に対しては、怒らなければならないが、ここでいう不瞋恚は、どちらかというと、小さな出来事に対して、すぐ感情的に怒るとか、恨むという場合に対することである。

不邪見

不邪見は邪見を抱かないことである。これは間違った見解から離れて、正しい見解を持つことを述べたものである。

以上が十善業道といわれるものである。現在の世の中では、どこの国でも刑法なるものを作って、色々としてはいけないことを細かに規定するが、法三章的に、今まで見てきた五戒・十善業道が守られるだけでも、社会は素晴らしいものになるであろう。

思想史的には、十善業道を重視した人に、日本では江戸時代の慈雲がいる。彼はこれを人々の道として重視したのである。

その他

利他の具体的内容や、所謂善法と呼ばれるものものもさらに含めて考えることができるであろう。善法とは十善業道・五戒・八分成就斎・四禅・四無量・四無色定・五神通・四正諦・四念処・四正勤・四如意足・五根・五力・七覚分・聖八支道・三七覚支法・一〇の如来力・四無所畏・四無礙解・一八不共仏法である。これらのうちで今まで見てきたものが聖八支道の一部・五戒・十善業道である。これらは善法のなかでも、倫理の側面を強く出していたからである。したがって、項目としては以上でとどめておきたいと思う。

倫理の原理に基づいての実践

倫理の具体的内容は時空と共に変わりうるものである。したがってあらゆる場合を想定して、あらかじめ倫理の具体的内容を細かに決めて置くことは不可能であろう。要は大乗仏教徒としての実践は、今まで述べてきた倫理の根拠から倫理の具体的内容に至るまでの精神を理解し、原理化し、それに基づいて様々に変わりうる時空内で善悪を判断し、実践していくことであろう。

般若経典は倫理の原理を直接には説かないが、以上のような観点から、敢て倫理の原理を求めれば次のようにいい得よう。

「無分別智後分別智上で、吾も善《よし》とし、汝も善《よし》とする倫理」

これを般若経典から読み取れる倫理の原理としたい。この倫理の原理と、倫理の根拠から倫理の具体的内容に至るまでとの関連を一言補説して倫理を終わろうと思う。

「倫理の根拠」において、われわれは無分別智後分別智の上に、倫理を確立することを述べた。したがって、それはわれわれの根本的な知恵の上に確立されるものでなければならない。したがって、他律的なものに原理を求めるのではなく、自律的に原理を確立しなければならない。しかも恣《し》意《い》的にならないために、無分別智後分別智が要求される。このことを「無分別智後分別智上で、」と表現している。

「倫理の絶対性・相対性」においては、善・悪を含め、価値というものは、無分別智後分別智の立場からすれば、いずれも実体化・絶対化できるものではなく、相対的なものであることを述べた。そのことを認めた上で、われわれ人々が仲良く暮らすことを望むならば、無分別智後分別智上で、「吾も善《よし》とし、汝も善《よし》とする倫理」を目指すより、道はないように思う。

「倫理の適用範囲」においては、仏教では「衆生」までがその範囲であると述べたが、基本的にはまず人と人との関係を第一に考えてよい。その上で、人の側から衆生一般にまで広がっていると見ることができる。一方的な慈や悲は、人以外の動物にもなしうるが、人と人との間においては、「吾」と「汝」の契機が平等に述べられる必要がある。この契機が無分別智後分別智上で、「吾も善《よし》とし、汝も善《よし》とする倫理」として述べられている。この吾と汝は、当面人の意味である。勿論この「吾」と「汝」は一対一のみを意味しない。十億人、百億人でも、一人称の立場に立てば、皆「吾」であり、二人称の立場に立てば、皆「汝」である。

「倫理の基本的性格」においては、われわれは般若経典より、自由・平等・非暴力・慈・悲を挙げた。「無分別智後分別智上で、吾も善《よし》とし、汝も善《よし》とする倫理」という所に、自由・平等・非暴力・慈・悲の精神が盛り込まれている、と理解されたい。

「倫理の具体的内容」においては、施しの完成の他、八聖道中の四項目、五戒・十善業道を主に挙げた。また一般的には、さらに拡大して、善法を具体化したものや、倫理の基本的性格の重要項目を具体化したものが、倫理の具体的内容になりうることを述べた。これらは歴史的時空内において、「無分別智後分別智上で、吾も善《よし》とし、汝も善《よし》とする倫理」の中から、無限に展開しうるものである。

大乗仏教徒はかかる倫理の原理に基づいて、人と人との事柄を考え、また人の側から衆生一般の事柄をも考え、実践していくべきであろう。

存在論 ――存在の真相は無分別相である――

問題　「人生論」では、般若経典で説く覚りとは、いかなるものであるかを中心に述べた。「人生論」での主題は知恵の完成（prajñāpāramitā）のことであり、知恵の完成の別名として無分別智（avikalpajñāna）の語を主に使用しながら、その特色を述べてきた。

次に「倫理学」においては、われわれはいかに生くべきか、の問に対する探求として、般若経典の立場からしたら、どのようなことがいえるかについて調べてきた。この場合には、無分別智後分別智という智の上に、倫理の諸問題を考察してきた。

さて「存在論」においては、般若経典が存在一般を、どのように考えていたかを考察する。一口に存在（あるもの）といっても、有形・無形、形而上的・形而下的、物質的・非物質的、概念的・実在的など様々な存在があるわけであるが、それら一切を含めた意味での存在についての考察である。

空

般若経典というと「空」（śūnya, śūnyatā）という語が木霊のごとく帰ってくるように、この語は般若経典では有名な語である。もっとも梵本『金剛般若経』のように、空の語が一度も使用されていない般若経典もあるのであるが、現在梵本一三般若経典中、一二の般若経典に、この空の語が出てくる。この空の語こそが、存在論に対する般若経典の解答なのである。（梵本『金剛般若経』の場合は、違った表現をするが、今は煩雑になるので触れない。後の「論理」のところで触れる。）したがって般若経典中に展開されている空の考察が、存在論を解く鍵となる。よって、しばらく空についての考察をしてみたい。

われわれは知恵の完成（prajñāpāramitā）の意訳語として無分別智という語を用いた。空の語も難解であるので、もし意訳するとしたらどのように訳したらよいであろうか。このことについて、一言触れておきたい。漢訳で「空」の語に対するサンクスリットの語はシューニャ（śūnya）という形容詞形と、シューニャター（śūnyatā）という抽象名詞形がある。漢訳では「空」の一語が、両方に使われる場合が多いが、翻訳者によっては、シューニャを「空」、シューニャターを「空性」と使いわけている例もある。[1] 本書において、「空」・「空性」と特に使い分ける場合はこの意味であると理解されたい。従来わたくしは、シューニャの形容詞形には「無実体な」、シューニャターの抽象名詞形には「無実体性」の訳語を用いてきた。したがって、原典からの翻訳に当たって、「無実体な」・「無実体性」は「空」（śūnya）と「空性」（śūnyatā）の訳語であると理解されたい。なお最近では、この二つを、それぞれ、「無分別な」・「無分別性」と訳してもよいように思っている。そう訳したほうがぴったりする場面ではこの訳語も使用する予定であるが、今のところはこれらの訳語はいずれも「空」・「空性」の意訳語として使用されていると、理解されたい。

1) 例えば、法月訳『般若心経』・智恵輪訳『般若心経』・法成訳『般若心経』では、厳密ではないが使い分けがなされている。

梵本『般若心経』における空

般若経典の中でも、もっともよく読まれている『般若心経』の梵本について調べてみよう。

梵本『般若心経』で最初に空の語を含む文章は、次の文である。

> 聖なるアヴァローキテーシュヴァラ菩薩が深い知恵の完成において行を行じていた時、分別して観ていた：五つの構成要素があると、そしてそれらを自性空（無実体）であると観ていた。[1]

つまり、五つの構成要素という主語に対して、それらが自性空である、というのである。したがって、空の意味がはっきりすれば、五つの構成要素という存在を、どのように観ているかが分かることになる。まず五つの構成要素であるが、それらは物質的現象・感覚・表象・意志・分別知の五つのことである（伝統的な漢訳では色・受・想・行・識の五蘊《ごうん》の法のことである）。物質的現象で物質界全般を表し、感覚から分別知まではわれわれの心の領域をさらに四つに分けたものである。一言補えば、冷暖等を感ずる感覚、像を形成する作用である表象、心の向かう方向を決める意志、物事をはっきりと分けて認識できる分別知である。この分類の仕方は、原始仏教以来の仏教独特の分類法である。物心両面に亘って全存在を見渡したとき、一応この五つに分類できるという見方である。したがって五蘊（五つの集まり）の法といわれる。物心両面の全存在を五つに分ける仏教の分類方法はこれで分かったと思う。つぎに重要なことは、「五つの構成要素があると、そしてそれらを自性空（無実体）であると観ていた。」という先に引用した梵本『般若心経』の見方なのである。つまり梵本『般若心経』は、全存在を一応五つの構成要素に分けるが、それらがいずれも空、つまり無実体である、というのである。

仏教思想史的に見るとき、結局般若経典の空は、正しい縁起の考え方を再説していると見られる。つまり正しい縁起の考え方は、いかなる実体をも立てない見方であったからである。般若経典はそれに先行する部派仏教において、法を実体視する部派があったことを頭において、否定的にひびく「空」の語を殊更《ことさら》用いたと見られている。このように把えると縁起を説いたゴータマの原始仏教を復活したといえる。短い梵本『般若心経』においてすら、このような立場から、五蘊・一二縁起・

四諦の法・一二処一八界などの法が空である、と述べられるのである。

　この世において、シャーリプトラよ、物質的現象は無実体性なる性質があり、無実体性なることこそが、物質的現象である。物質的現象を離れて無実体性があるのではなく、無実体性であることから離れて、物質的現象があるのでもない。物質的現象は無実体性であり、無実体性が物質的現象である。(精神的現象である)感覚・表象・意志・分別知も正に同様である。[2)]

　以上、梵本『般若心経』は存在論の基本を十分に述べ尽くしている。つまり梵本『般若心経』で述べる五つの構成要素とは、全存在を五つにまず分けたものであった。その分け方は、物質的領域を一つ、精神的領域を四つに分けるものであった。そして、それら五つの領域のすべてが空である、というのがその結論であった。これは所謂五蘊の法が空であることを述べたものであるが、それは全存在が空であることを述べたことと同義である。五蘊といわれる物質的現象・感覚・表象・意志・分別知の一つ一つも法と呼ばれるが、梵本『般若心経』は五蘊の法を始めとして、その他の法をも、次々と空である、と述べていくのである。

　梵本『般若心経』で取り上げられているその他の項目は、六識、六境・一八界、一二縁起、四諦である。これらもすべて空であることを述べる。したがって、結論としては、「一切法は空なる相である」[3]というのである。『般若心経』は「色即是空　空即是色」で有名であるが、同時に、さらに一切の法が空であることも、はっきりと述べているのである。

1)中村元校訂本、中村元・紀野一義訳注『般若心経・金剛般若経』岩波文庫、昭和三五年所収、一七二～一七七頁
2)同書一七二頁
3)同書一七二頁

梵本『七百頌般若』の考察　梵本『七百頌般若』[1]は存在の真相を無分別相として説く。つまり存在の真如相（tathatākāra）を無分別相（avikalpākara）として把え、それゆえに不可得（anupalambha）であるとする。かつこのことを把える知恵が、知恵の完成、即ち無分別智である。本経では、このような自覚に基づく実践を、知恵の完成を目的語にして、知恵の完成を実践（prajñāpāramitāṃ bhāvaya）するともいう。

存在の真相が無分別相であるので、認識論的には不可得となる。この関係を本経は的確に伝えている。

なお本経にも空の語は使われているが、その使用例は意外と少なく、空（sūnya）・空性（sūnyatā）を含めて、わずか三回のみである。

先に「空」の項目のところで、空・空性を「『無分別な』・『無分別性』と訳してもよいように思っている。」と述べた。そのように思うようになったのは、実はこの梵本『七百頌般若』を読んでの影響である。今では正しい意味での縁起、空、無分別性（相）は同じ意味内容を表す一群の言葉であると理解している。言葉による表現には、歴史的に種々なる工夫がなされる場合があるが、一文献を一単位として熟読し、他文献との関係を考える時、使われている表面上の言葉は違っていても同じ内容を意味している場合がある。少なくともわれわれが、「I　大乗仏教に至るまでの仏教の流れ」で調べてきたゴータマの縁起説と、梵本『般若心経』の空と、梵本『七百頌般若』の無分別相とは、同じ内容を示す一群の言葉と見做してよい。

1) *Saptaśatikā Prajñāpāramitā Mañjuśrīparivartāparaparyāyā*, ed. by Dr. P. L. Vaidya, Buddhist Sanskrit Texts No.17, Darbhanga 1961, pp.340–351
この原典を、本書では、梵本『七百頌般若』と呼ぶ。

梵本『二万五千頌般若』における空

今までわれわれは、梵本『般若心経』・梵本『七百頌般若』によって、般若経典の存在についての論の基本的考え方を見てきたが、空についてのより詳しい考察を行なっているのが、梵本『二万五千頌般若』である。以下この経の所説を検討してみよう。

梵本『二万五千頌般若』において空の語がでてくる最初の場所は注目に価する。それは仏の説法を聞くために集まって来ている人々を説明する所で、菩薩を説明する際、菩薩達が「空に住している」[1]と説明する。従来の男子出家者や女子出家者の所では、空を説かないのに対し、菩薩の説明に至って初めて、空との結び付きを説くのである。われわれはこのような点に、梵本『二万五千頌般若』の作者の予備的配慮を読み取れる。つまり菩薩と空とを結び付けることによって、これから本格的に議論されようとしていることの一つが空の説であることと、また菩薩は空の了解を必要不可欠とすること、を暗示しているように思える。

1) 梵本『二万五千頌般若』四頁一節

「空」の別の用法　つぎに「空」の語が出てくる場所は、わたくしの節分けによる第七節である。

そのとき実にその瞬間・頃刻・暫時に、この三千大千世界における地獄・動物界あるいはヤマ世界のかれら一切は破壊され、空となった。[1]

そのときとは、仏の光に照らされたときであるが、ここでの空の意味は、地獄・動物界あるいはヤマ世界がなくなることの意味であって、先程の用法とは異なる。むしろ『小空経』などに出てくる古い用法といえる。上の引用と同じ用法の空が、第九節に、もう一度出てくるが、これより第五三節まで空も空性の語も出てこない。

1) 梵本『二万五千頌般若』八頁七節

一九空　第五四節に一九の空の名前が出てくる。

シャーリプトラよ、菩薩大士が内空を学ぶことを欲するならば、智恵の完成を学ばねばならない。同様に、外空・内外空・空空・大空・第一義空・有為空・畢竟《ひっきょう》空・無際空・散空・本性空・諸法空・自相空・不可得空・無性自性空・性空・無性空・自性空・他性空を学ぶことを欲すれば、菩薩大士は智恵の完成を学ばねばならない[1]。

梵本『二万五千頌般若』では、一九の空を挙げるのであるが、この空の数は諸本によって色々と異なる[2]。ところで、梵本『二万五千頌般若』第五四節で、一九空の名を挙げながら、その各々についての説明はなされていない。あるいは名称を挙げれば、それで自明のことと考えていたのかもしれないが。そこでわれわれが、以下の部分に、プラトンが対話篇でよくするがごとき、「空とはなにか?」「~空とはなにか?」といった議論が展開することを期待しながら読み進めていくと、その期待は最後まで満たされずに終わってしまう。空に対するいい換え的なことは少々あるが、[3] 空そのものの本格的議論はないのである。そこで『二万五千頌般若』の最初の本格的な注釈書であるナーガールジュナ（竜樹《りゅうじゅ》）の『大智度論《だいちどろん》』[4]を手掛かりに、少々調べてみようと思う。なお、『大智度論』では一八空を説くので、これに従うが、梵本『二万五千頌般若』の一九空との関係は次のようになる。まず『大智度論』の一八空を挙げると次のようになる。内空・外空・内外空・空空・大空・第一義空・有為空・無為空・畢竟空・無始空・散空・性空・自相空・諸法空・不可得空・無法空・有法空・無法有法空の一八である。一九空と一八空との関係は、一八までは同じで、ただ一つ違うものが一九空の方にあるというわけではない。両者に共通する項目を消却していき、いずれか一方のみにしかないものを調べると、一八空の方からは無為空（asaṃskṛta-śūnyatā）が残り、一九空の方からは性空（bhāva-śūnyatā）と他性空（prabhāva-śūnyatā）の二項目が残る。[5] 以下一八空にしたがって、『大智度論』の説明を調べてみたい。

1) 梵本『二万五千頌般若』二四頁七四節

2)詳しくは、副島正光『般若経典の基礎的研究』一〇六～一〇九頁参照

3)梵本『二万五千頌般若』一九五～一九八頁に簡単な説明がある。なおここでは二〇空になっていて、無為空が加わっている。

4)竜樹『大智度論』『大正』第二五巻二八五～二九六頁で説明されている。なお、著者を竜樹とすることには、近年疑問視する学者もいる。

5)注3)で述べたごとく、後の方では、梵本『二万五千頌般若』には無為空も出てくる。したがって、『大智度論』に出てくる一八空は、すべて梵本『二万五千頌般若』に出てくることになる。なお、両者の比較は、『大智度論』の原典が残っていないため、漢訳から原語を推定しての比較による。

第一　内空

内空とは内法が空である。内法とは所謂内の六入のことで、眼・耳・鼻・舌・身・意である。眼は空にして、我なく、我所なく、眼法がない。耳・鼻・舌・身・意もまたかくのごとくである。(二八五頁中)[1]

内空とは「内法が空である」の意で、内法とは眼・耳・鼻・舌・身・意だとしている。

1)竜樹『大智度論』『大正』第二五巻より。以下一一三頁九行までの引用はすべて同書による。

第二　外空

外空とは外法が空である。外法とは所謂外の六入で、色・声・香・味・触・法である。色は空にして、我なく、我所なく、色法がない。声・香・味・触・法もまたかくのごとくである。(二八五頁中)

第三　内外空

内外空は内外法が空である。内外法とは所謂内外の一二入である。一二入中、我なく、我所なく、内外法がない。(二八五頁中)

第三は第一と第二を合わせたものである。

第四　空空

空空は空をもって、内空・外空・内外空を破る。この三空を破るの故に、名づけて空空とする。またつぎに、まず法空をもって、内外法を破る。またこの空をもってこの三空を破る。これを空空と名づける。またつぎに空三昧は五衆の空を観て、八聖道を得、諸々の煩悩を断じ、有余涅槃を得る。先世の業因縁の身命が尽きるとき、八道を放捨しようと欲するの故に、空空三昧を生ずる。これを空空と名づける。問て曰う。空と空空とはなんらかの異なりがあるのか。答えて曰う。空は五受衆を破り、空空は空を破る。問て曰う。空もしこれ法空にしてすでに破るとなし、空もし法空にあらざれば、何ぞ破るところがあろう。答えて曰う。空は一切法を破り、ただ空在にある。空は一切の法を破り終われば、空もまた捨てられるべきである。ここをもっての故に、これをすべからく空空とすべきである。またつぎに、空は一切法に縁り、空空はただ空に縁る。一健児が一切の賊を破り、またさらに人ありてよくこの健人を破るようなものだ。空空もまたこのようなものである。また、薬を服して、薬が病を破り、病がすでに破れた後は薬もまた出るべきである。もし薬が出なければ、即ちこれまた病む。空をもって諸煩悩の病を滅し、空を恐れればまた患となる。この故に空をもって、空を捨てる。これを空空と名づける。（二八七頁下～二八八頁上）

結局、一番の要は空空とは「空も空である」ことの意である。この空の用法は、上の第一より第三までの空の用法とはやや異なっている。即ち第三までの場合は、空は述語であって、主語には一度もなっていなかった。内法も外法も空である、というのが第三までの所である。それは内法も外法も、空の述語によって等しく説明されている、ということである。したがってわれわれは空の語が、幅広い説明原理であることを推測してきた。内法は身心に関するものであった。また外法は物質あるいは物質的現象に関するものと、法という意の対象になるものに関してであった。そうすると、内法・外法が空だということは、およそ物質界・精神界のすべてが空によって説明されうる、ということである。その意味で、空が幅広い説明原理であることを、われわれは知るのである。

ところで、第四では、右のような説明原理としての空が、話題の中心として扱われている。即ち、初めて主語として述べられている。その主語を説明する述語がまた空である点に、この第四の特色がある。つまり説明原理すらも空であるというのが、このところの要点である。このことは哲学的には重要な意味を持っている。空も空だということは、原理と現象、あるいは本体と現象といったような、なんらかの意味での二元論的立場を取っていないことを意味する。この点が空の哲学の一つの特色といえよう。換言すれば、空といえば、やはりそれは一つの法となるのである。ところで、般若経典が主張しようとしている要点は、いかなる法でも、それを法我・常有とすることに対する否定である。だとすれば、空という法の法我・常有が否定されることも、また論理的な必然といえる。

第五　大空

大空は声聞法中の法空を大空となす。（二八八頁上）

と述べているので、人空・法空の分類における「法が空である」ことの意となる。

つぎに第二説として、

十方の相は空である。これを大空となす。（二八八頁上）

とあるので、十方の方角を空とする、の意味もある。

第六　第一義空

第一義は諸法の実相に名づける。不破不壊の故に。この諸法の実相もまた空である。（二八

八頁下）

第一義空とは、「諸法の実相が空である。」ことの意である。換言すれば、実相は無相である、との意である。

第七　有為空、第八　無為空

有為空・無為空とは、有為法は因縁和合生に名づける。所謂五衆・一二入・一八界等である。無為法は無因縁に名づける。常・不生・不滅で虚空のごときである。今有為法は二因縁の故に空である。一は我なく、我所なく、および常相変異せず、不可得の故に空である。二は有為法、有為法相は空にして、不生不滅である、所有なきの故に。（二一八八頁下）

有為空とは、「一切の因縁和合生によるものが空である」の意であり、無為空は「因縁和合生によらないものも空である」の意である。

今までの例と異なって、無為空と有為空とを合わせて説いている理由を、無為と有為とは相待《そうたい》であるからだ、と深い洞察を示している。

今有為・無為空を何をもって合説するのか、答えて曰う。有為・無為法は相待してある。もし有為を除けば、無為はなく、もし無為を除けば、有為はない。この二法は一切法を摂する。（二八九頁中）

今まで空の語は無説明で出てきているが、般若経典で説く空とは一体何なのか。われわれはできることなら、空の概念規定を試みたいと思うのである。そこでわれわれは空の語が直接にいかに説明されているか、あるいは直接ではないが、空の語の関連において、いかなることがいわれているかを、根気よく調べていくことによって、最終的に統括的な結論を出したいと思う。

ナーガールジュナはこの有為空・無為空のところで、「不可得の故に」・「無所有の故に」の句で空を説明していた。そこでわれわれは、この不可得、無所有を、ナーガールジュナが空の一つの説明にしていたと、考えてよいであろう。かれはまた「無自性」の句で、空を説明している。この説明が出てくる所は、有為法が空だというのは分かるが、無為法もまた空だというのはなぜか、という重要な問に対する答えの中で述べられる。

有為法は因縁和合生であり、自性なきの故に空である。このこと即ち可である。無為法は因縁生の法ではない。無破無壊常にして虚空のごときである。どうして空と言えようか。答えて曰う。先に説けるごとく、もし有為を除けば無為はない。有為の実相は即ちこれ無為である。有為空のごとく、無為もまた空である。二事異ならざるをもっての故に。（二八九頁中）

この一文は般若経思想の特色を示すものであって重要である。つまり有為法が空であることは多言を要しないが、有為との相待においてのみしか存在し得ない無為もまた空であるとの意味である。再言すれば、物質的存在は因縁和合生によるが故に空だといえる。ところで、因縁和合生によらない無為を空だというのは、おかしいのではないか、というのが問者の立場である。答えは、無為は有為を離れてはあり得ないものであり、有為が固定しないものであるから、それと不二の関係にある無為もまた固定しない、と説くのである。虚空のごとき無為もまた、有為の存在の場所としての関連においてのみ、理解されるものである。

このことは涅槃という仏教の最高の理想の状態においても同じなのである。涅槃といっても、それは時空内において、個々の個別者が実現することであって、時空を超えた固定した涅槃といったものはない。このことを、「無為空は取涅槃相を破る。」（二八九頁中）という。

第九　畢竟空

畢竟空は有為空・無為空をもって諸法を破し、遺余あることなからしめる。これを畢竟空と名づける。（二八九頁中）

畢竟空は「有為空・無為空をもって、一切法を空ずる」の意味となる。空の説明としては、先に不可得・無所有・無自性の例を見たが、この畢竟空の段においては、さらに無常・無我と関連させて説明している。

無常は即ちこれ空の初門である。もし無常を諦了すれば、諸法は即ち空である。ここをもっての故に、聖人は初め四行をもって、世間の無常を観る。もし所著物を見れば無常である。無常であればよく苦を生ずる。苦をもっての故に、心は厭離《えんり》を生ずる。もし無常空相ならば取ることができない。幻のごとく、化の如くである。これを名づけて空とする。外物すでに空にして、内主もまた空である。これを無我と名づける。またつぎに畢竟空は、これを真空とする。（二九〇頁下）

第一〇　無始空

無始空とは、世間の衆生あるいは法は始めがあることはない。今世は前世の因縁によってあるようなものだ。前世もまた前世にしたがってある。かくのごとく展転して、衆生の始めがあることはない。法もまたこのようである。（二九〇頁下）

無始空は「衆生にしろ、法にしろ、究極的な始めはない」の意味である。

第一一　散空

散空とは、散は別離相に名づける。諸法は和合の故にあるようなものだ。車は、輻《や》・輞《おおわ》・轅《ながえ》・轂《こしき》の衆合をもって、車となすようなものだ。もし離散して各々一処にあれば車名を失う。五衆和合因縁の故に名づけて、人とする。もし五衆を別離すれば、人を得ることができない。（二九一頁下）

散空とは「現在あるものが、いくつかの部分に離散すること」の意味である。離散してしまえば、離散したものを、離散する前の名で呼ぶことはできない。車が部分に散乱してしまえば、われわれはもはやその集合を、車とは呼べないのである。

第一二　性空

性空とは、「諸法の性質は空である」の意味である。ナーガールジュナは一切法の性として、二種を分類している。一は総性であり、二は別性である。総性とは、すべての法についていえることであり、別性とは個別的な法についてのみの特性である。

またつぎに一切諸法の性には二種がある。一は総性、二は別性である。総性は、無常・苦・空・無我・無生・無滅・無来・無去・無入・無出等である。別性は、火は熱性、水は湿性、心は識性であるようなものである。人が喜んで諸悪をなすの故に、名づけて悪性となし、好んで善事を集めるの故に、名づけて善性となすようなものだ。『十力経《じゅうりききょう》』中に説くように、仏は世間の種々性を知る。かくのごとく諸性は皆空であり、これを性空と名づける。（二九二頁中～下）

ナーガールジュナが諸法の総性として、「無常・苦・空・無我・無生・無滅・無来・無去・無入・無出」の一〇を挙げていることは、かれの『中論頌』における八不《はっぷ》と合わせ考えるとき、両者間に一、二の出入りはあるが、これがかれの仏教理解の要であったと思われる。

第一三　自相空

自相空とは、一切法には二種の相がある。総相・別相である。この二相が空の故に、相空とする。（二九三頁上）

相にも総相・別相の二種があることをまず説くが、相空とは「二相が空である」の意味である。次に二相とは、どのようなものであるかが説明される。

問て曰う。どのようなものが総相であり、どのようなものが別相ですか。答えて曰う。総相は無常等のごときである。別相は、諸法は皆無常ではあるけれども、しかも各々別相がある。地は堅相であり、火は熱相であるがごときである。（二九三頁上）

とあるので、二相の関係は、先の総性と別性との関係と同類である。次に先の性と、今の相との差異が述べられる。ここでは特に差異はないとする説も挙げるが、一応、性とは体（体といっても衆縁和合であるので、超時間的な実体を意味するわけではない）に付随した性質であり、相とは性が外面に現れた相《すがた》と考えてよいであろう。

問て曰う。先にすでに性を説き、今相を説く。性と相とはなんらかの異なりがあるのか。答えて曰う。ある人は言う。その実は異なりなく、名に差別がある。性を説けば、相を説くことになり、相を説けば、性を説くことになる。譬ば、火性を説けば、即ちこれは熱相であり、熱相を説けば、即ちこれは火性であるがごときである。ある人は言う。性と相とは小さな差別がある。性はその体に言い、相は識《しる》べきにいう。釈子が禁戒を受持するのは、これはその性であり、剃髪《ていはつ》・割裁染衣《かっさいぜんね》は、これはその相である。梵子が自らその法を受けるのは、これはその性であり、頭に周羅《しゅら》を付け三奇杖《さんきじょう》を取るのは、これはその相である。火熱のごときは、その性であり、煙はその相である。（二九三頁上〜中）

その他にも、説明がさらに続いているが、われわれが先に出した結論でよいと思う。

第一四　諸法空

これは今までの説明からすでに明らかなごとく、「有為法、無為法、総ての法が空である」の意味である。

第一五　不可得空

不可得空とは、ある人言う。衆・界・入中において、我法・常法が不可得の故に、名づけて不可得空とする。（二九五頁下）

不可得空とは、我法・常法、さらには一般的に諸法が不可得であるの意味である。したがって不可得空の空は、不可得の述語となっているのではなく、「不可得としての空」の意味である。この点、内空、外空といったときの空が、内法が空である、外法が空である、の意味であり、空がそれぞれ内法・外法の述語になっていた場合の用法と異なる。ここでは空の一つの説明として、不可得がいわれていることが分かるのであり、ナーガールジュナが空を不可得や無所有・無自性で説明していた経典的根拠の一端が、ここにあるといえよう。

空の説明としての不可得は、次の対話によっても、より一層明らかになる。

何をもっての故に、不可得空と名づけるのか。智力が少なきの故に不可得とするのか、実無の故に不可得とするのか。答えて曰う。諸法が実無の故に、不可得である。智力が少ないからではない。（二九五頁下）

つまり不可得というのは、人智が至らないから不可得というのではなく、存在するものの真相は実体がないから、不可得だとしているのである。その意味で、真実の追及は無限追及となろう。

第一六　無法空、第一七　有法空、第一八　無法有法空

これらの三者はまとめて説かれる。

無法空とは、ある人言う。無法は法の已滅《いめつ》に名づける。これ滅無の故に、無法空と名づける。有法空とは、諸法は因縁和合生の故に、（実体としての）有法は無い。有法は無の故に、有法空と名づける。無法有法空とは、無法・有法相を取ることは不可得である。これを無法有法空とする。（二九六頁上）

無法空・有法空・無法有法空に関しては、上記の引用を加えて、三種の説明がなされているが、煩雑になるので、今妥当な要点だけを述べれば、この三空は諸法を時間的な流れの中で把える立場であり、過去・未来のものが空であることは勿論であるが、現在のものも空である、とするのがその特色となっている。

一八空のまとめ

われわれは今までに『二万五千頌般若』の最初の本格的な注釈書である『大智度論』を手掛かりに、一八空に関するナーガールジュナの解釈を調べてきた。そこでわれわれはナーガールジュナの解釈をもう一度整理してみて、その上でさらに、空についての一般的な解答を求めてみたいと思う。まずかれの解釈の結論だけをもう一度整理してみよう。

第一　内空　内法が空である。内法とは眼・耳・鼻・舌・身・意である。

第二　外空　外法が空である。外法とは色・声・香・味・触・法である。

第三　内外空　内法・外法が共に空である。

したがって以上の三つによって、物質現象・精神現象に関わる一切の法が空であることになる。また内空、外空は結局内外空に統括されるわけであるから、内外空は内空・外空に対しては類概念ということになる。

第四　空空　空もまた空である。この意味は次の二点を含もう。第一点は説明原理としての空が事物から独立して存在しないこと。第二点は空と立てれば、それも法の一つとなるわけであるが、一方、一切の法の実有を否定してきたのが空であるので、空という実有としての法もまた否定されること。

第五　大空　人空法空の分類における、法が空である。また十方の相が空の意味もある。

第六　第一義空　諸法の実相は空である。

第七　有為空　物質的存在に関する法、つまり有為法は空である。

第八　無為空　物質的存在に関係しない作られたものでない法、つまり無為法は空である。したがって有為・無為は、内法・外法などと同じく、事物の違った分類の仕方である。仏教ではこのように種々なる分類の仕方が見られるが、内法・外法が有為法に含まれるのに対し、有為法でないものを、無為法として別に立てた点に、一つの発展が見られる。

第九　畢竟空　有為空、無為空をもって、一切の法を空ずることである。第一・第二と第七・第八は分類の仕方の違いであるが、これらをだんだんと加えることによって、より全体的になるといえよう。

第一〇　無始空　衆生にしろ、法にしろ、究極的な始めはない、の意味における空である。

第一一　散空　現在あるものが、いくつかの部分に、離散することの意味における空である。したがって、第一〇・第一一の無始・散はそれぞれ空の主語ではなく、無始としての空、散としての空の意味である。

第一二　性空　諸法の性質は空である。性に総性と別性を分ける。

第一三　自相空　諸法の相が空である。相に総相と別相を分ける。

第一四　諸法空　有為法、無為法、総ての法は空である。したがって、これは第七有為空、第八無為空を総括したもので、それらの類概念となる。

第一五　不可得空　一切の法は不可得である、の意味における空である。したがって、この空も不可得の述語ではない。

第一六　無法空　以下の無法空・有法空・無法有法空には三種の説明があったが、今は時間的な観点からの説明に従うことにする。すると、無法空は過去・未来の法は空である、となる。

第一七　有法空　現在の法と無為法は空である。第一六・第一七は主に時間的な観点から見た、また別の分類による法の区分である。特に現在の法と無為法とを同じ部類にして、ひとまとめにしているのが興味深い。

第一八　無法有法空　過去・未来の法、また現在の法と無為は空である。したがって、これは第一六・第一七を総括したものであって、それらの類概念となる。

以上が一八空に対するナーガールジュナの主なる解釈である。一八空のうち、畢竟空・無始空・散空・不可得空の四空の場合は、畢竟・無始・散・不可得などは空の主語ではなく、空の一つの説明語と解しえた。その他の一四空の場合は、いずれも空の主語、空から見れば空が述語であった。これらの点を総合して考えてみるに、種々なる分類の仕方のために、色々な法が考えられたが、結局いかなる法に対しても、空の述語が付きうることが分かる。したがって、何が空なのかと問われれば、「一切法は空である」との答えを出しうるのである。そしてこの答えが般若経の空についての結論でもある。「一切法は空である。」この結論をわれわれは銘記しておこう。

存在論の要約

われわれは「一切法は空である。」の結論を得た。また空に対する解釈として、縁起・無自性・不可得・無我・無常・散などが同じ考え方の中に入りうるものであることを見てきた。これらのことを総合して考えるに、空について現代語で敢ていえば、「無実体性」・「無分別性」といえよう。その無実体性・無分別性を、特に時間的に見たときが「無常」であり、空間的に見たときが「無我」である、といえよう。この結論を踏まえて、先ほどの「一切法は空である。」を、さらにまとめて要約しておきたい。「法（dharma）」という語には色々な意味があるので、三点に要約してみようと思う。

事物としての「法」

まず第一に「法」には事物をさす意味としての「法」がある。「諸法無我」という場合の「法」である。これはいい換えれば物質的現象に関わる世界であるが、この意味における「法」はやはり空であるといってよい。つまり物質的現象に関わることは、いずれも無常であり、また不変的な実体もないということである。したがって、物質的存在は空である、となる。

思想史的に見るときには、この考え方とは異なる見方が洋の東西に亘って存在していた。つまり現在でいう素粒子のような、物質の世界には、なにか究極の要素があるに違いない、という考え方である。西洋では、ギリシャの自然哲学における、一元・二元・多元論がこのような考え方である。

インドでは、自由思想家時代のパクダ、ゴーサーラ、アジタやジャイナ教の要素説（bhūta-vāda）の中に、このような考え方が見られる。仏教の内部でも、やがてこのような考え方が見られるようになる。例えば、説一切有部の『鞞婆沙論《びばしゃろん》』では、「微塵《みじん》」の語が出てくるが、これは究極の物質的存在を意味する。しかし般若経典や『大智度論』は、このような意味での微塵を、認めないのである。したがって、結論としては、事物は空である、といえる。

概念としての「法」

第二には概念をさすものとしての「法」がある。「眼・耳・鼻・舌・身・意の法は空である。」とか、「色・声・香・味・触・法の法は空である。」などに見られる法である。われわれ人間は、主に言葉によって、色々な概念を作り上げる。例えば、この林檎《りんご》・あの林檎・あそこの林檎などから、「林檎」という概念を作り上げていく。概念が形成される過程を考えれば分かるように、複数の個々のものから、共通性を見つけ出して、概念を構成していっている。概念は具体的な個々の物事から抽出されるので、個々の物事の変化に伴い、概念も変更を余儀なくされてくる。この意味で、自然物に対応する概念もまた空である。数学上の諸概念は、一見不変のもののように思われるが、人々が約束し合っているという限りにおいて、不変的なものであり、絶対的なものでは、やはりない。

法則・規範としての「法」

第三に法則や、規範としての意味の「法」がある。「諸行無常」とか、「善法・悪法」などとして述べられるものである。所謂自然法則や、倫理などの当為法則全般と考えてよい。これらいずれも、根本的には空である、という。自然法則は、その基盤となる事物が変わるが故に。倫理などの当為法則も、人々の変化と共に、そこに創造される当為法則が変わりうるが故に。特に価値の世界においては、絶対的なものを認めないという点で、重要である。最後に「空もまた空である。」として、「空」を絶対化してはいけないというのが、般若経典の根本的な立場であったわけである。

以上般若経典における存在論を調べてきたが、その特徴として、仏教の存在論は、その根拠・起源・終末については説かない。つまり存在全体については、「なぜあるのか」・「いつからあるのか」・「いつまであるのか」を問わない。問うているのは存在の構造であって、つまり「どのようにあるのか」を問うているのである。そしてその答えが空であった。しかし空とは、何もないことではなく、無分別相としてあることであった。

論　理 ――無分別性を表示する論理――

論理について

ここで取り扱うことは、形式論理学のことではなく、般若経典が真実に迫るために、どのような論理を用いたか、ということである。その中でも、比較的に一般化されてきた型について、ここでは述べてみたいと思う。第一には、すでに存在論のところで調べてきたように、「Aは空である。」（Aの所には任意の単語が入りうることを示す。）という型を、われわれは取り出すことができる。第二には、梵本『金剛般若経』では、先に述べたごとく、一度も空の語が出てこない。しかし、述べられている内容は、他の般若経典と異なるわけではないのである。そこで、ここで用いられている表現に注意し、それを型として考えてみたいのである。この型は、後で詳しく述べるが、結論的には、「AはAでない、それはAと言われる。」という型で述べることができる。この型も一見奇妙であるが、このような表現を通して、語ろうとした真意を考えてみたい。

空の論理

この型については先の「存在論」で種々述べてきたので、仏教思想史上の意義を考慮しながら、再度要約するに留めたい。

Aは空である

般若経典は、仏教思想史上は、法を実体視する説一切有部の展開を踏まえて出てきた。初期の大乗仏教徒は、法を実体視することは、無常・無我を説く原始仏教の正しい展開とは見なかった。そこで、般若経典を推し進めた初期大乗仏教徒は、法をも含めて、もう一度あらゆる存在を無常・無我の立場で説く必要があった。その際に使われた一つの典型的な言葉が「空」であった。したがって「空」は「なにもない」[1]の意味ではなく、存在の真相を述べている言葉である。わたくしは「空」を「無実体性」・「無分別性」と意訳してきたが、後者の「無分別性」で代表することができるのではないかと、最近思っている。そして、この無分別性は、空間的には無実体性を、時間的には無常性を意味する。今このような解釈で、存在一般の真相が説明可能であるか否かを検討してみたい。

1)　この用法は、古い経典には見られる。例えば『小空経』など。

存在（有）を調べるに当たっては、『大智度論』の三種の存在（有）の分類が、便利だと思うので、今はそれにしたがって検討したい。

三種の存在（有）

三種の有がある。一は相待有《そうたいう》、二は仮名有《けみょうう》、三は法有《ほうう》である。[1]

ここでは存在（有）を相待有・仮名有・法有の三種にまとめる。そして一つ一つの説明があるが、その要点のみを述べてみたい。

1）竜樹『大智度論』『大正』第二五巻一四七頁下

相待有

相待とは、長短、彼此《ひし》等のごときである。実には長短はなく、彼此はない。相待をもっての故に、名がある。長は短によってあり、短もまた長による。彼もまた此により、此もまた彼による。もし物、東にあれば、即ち西となし、西にあれば、即ち東となす。一物いまだ異ならずして、東西の別がある。これは皆名はあるが、実はない。このようなのを名づけて、相待有とする。この中に、実法はない。色・声・香・味・触等のごとくではない。[1]

長短、彼此、東西南北など、相待的関係においてのみ、名づけられているものが相待有である。これを「Aは空である。」の型に当て嵌めるとすれば、「相待有は空である。」となり、この場合の空は無実体性として妥当する。

1) 『大智度論』『大正』第二五巻一四七頁下

仮名有　『大智度論』の所説を、まず紹介しよう。

仮名有とは酪《らく》のごとく色・香・味・触の四事がある。因縁が合しているので、仮に名づけて酪とする。有《あ》ると言っても、それは因縁法有とは同じではない。無《な》いと言っても、また兎角や亀毛の無のようではない。ただ因縁合をもっての故に、仮に有と名づける。[1]

つまり仮名有とは、物質的に存在しているもの総てをさしているのであるが、物質的に存在するものは、総てその構造が因縁合としての存在であるの意である。

仮名有については、説一切有部の根本論典『発智論《ほっちろん》』に対する注釈書である『大毘婆沙論《だいびばしゃろん》』では、物質の究極的な存在として、「微塵」とか「極微《ごくみ》」といったものを立てるが、『大智度論』はそのような立場を認めず、物質界のことは総て、無常無我と把える。

経言《きょうげん》のごとく、色（物質的現象）はもしくは麁《そ》もしくは細、もしくは内もしくは外、総じてこれを見れば無常無我である。微塵あるを言わない。これを「分破空《ぶんぱくう》」と名づける。[2]

説一切有部は主に法有を主張するが、物質界の中にも、不変的な実体を一部考えていたことになる。それに対して、般若経典や『大智度論』は物質界にも不変的な実体を認めなかったことになる。したがって、「Aは空である。」の型に、仮名有を代入し、「仮名有は空である。」は般若経典や『大智度論』の場合は、やはりいいうるのである。

1）『大智度論』『大正』第二五巻一四七頁下
2）同書一四八頁上

法有

法有とは縁起の法・四諦八正道、あるいはすでに見てきた内法・外法・内外法、あるいは善法・悪法などの基本的概念や、自然の法則や、人間界の規範などを意味する。このような法の数は学派によって少々異なるが、その法をどう見るかについても、学派によって異なってくる。説一切有部の『鞞婆沙論』では、先にも見たごとく「法」というものを常なるものとした。

鞞婆沙（論）中に説くごとく、微塵至細は破ることも、焼くこともできない。これが即ち常有である。また三世中に法がある。未来中より出でて現在に至り、現在より過去に入り、失う所がない。これが即ち常である。[1]

微塵と法を、常有または常として把えるのが、説一切有部の基本的な把え方であったが、般若経典はこれらのいずれをも空として把える所に、その特色があった。そのことはすでに「存在論」で調べてきたように「内法は空である。」・「外法は空である。」総じて、「一切法は空である。」を思い起こせば、十分であろう。したがって、般若経典の場合は、法有を「Aは空である。」の型に当て嵌めれば、「法有は空である。」とやはりいえるのである。

1)『大智度論』『大正』第二五巻一〇四中

「AはAでない。それはAと言われる。」の論理

『金剛般若経』の場合

梵本『金剛般若経』[1]は般若経典の中でも初期のものに属する。いまだ大乗（mahāyāna）の語も使われておらず、それに替わる菩薩乗（bodhi-sattvayāna）[2]の語が使われている。また先にも述べたごとく、この経典では空の語も使われていない。現存する二三の梵文般若経典中、空の語が一度も出てこないのも、この経典のみである。そこで、今までは空の語を中心に置いて調べてきたが、この経典では空の語を用いない表現形態について調べてみたいと思う。その上で、この経典で述べられている思想と、空の語を用いて述べられている思想とに、違いがあるのか、同じなのかを考察してみたい。

1) *Vajracchedikā Prajñāpāramitā*, ed.by E.Conze, Serie Oriental Roma XIII, Roma Is.M.E.O., 1957、以下この原典を、梵本『金剛般若経』と呼ぶことにする。

2) 梵本『金剛般若経』二八頁
なお後半では、最上乗（śreṣṭha-yāna）、無上乗（agra-yāna）という語も出てくるが、大乗の語は遂に出てこない。

特徴的な表現の一・二の例を見てみよう。

梵本『金剛般若経』の特徴的表現

世尊よ、如来によって説かれた徳の集積とは、それは徳の集積ではない、と如来によって説かれる。それ故に如来は徳の集積、徳の集積と言う。[1]

スブーティよ、仏法仏法とはそれはまさに仏法ではない、と如来によって説かれる。それ故に仏法と呼ばれる。[2]

これらは、かつて鈴木大拙博士が指摘した「即非の論理[3]」といわれるものである。つまり、今一般的に記せば、「AはAでない。それはAと言われる。」という型になる。梵本『金剛般若経』では、このような型で述べられる文章が随所に見られるのである。そこで、われわれはこの一見奇妙な表現の型について、考察する必要がある。

1) 梵本『金剛般若経』三三頁
2) 同書三三頁
3) 鈴木大拙「金剛経の禅」『鈴木大拙全集』第五巻所収、岩波書店、昭和四三年、三八〇～三八三頁

「AはAでない。それはAと言われる。」の意味

「AはAでない。」ということは、形式論理学的には、「AはAである。」の自同律を否定することであるので、形式論理学的には理解を超えることになる。しかし梵本『金剛般若経』を熟読していると、なにか奇をてらって、意味不明のことを述べているとは思えない。この表現の型は、やはり言葉を通じて真実に迫るための一つの工夫であったと考えられる。それはこういうことである。

般若経典は思想史的には、説一切有部に顕著に見られた仮名有の若干や、法有を実体視することに反対する立場であった。このことは基本的な思想では、原始仏教の無我・無常の思想に帰ることであった。したがって、先述の相待有・仮名有・法有の三有に即していえば、これらいずれをも固定的・実体的に見ることはない。一方で、言葉による表現というものは、われわれの観念を一時固定化させて言葉に置き換えることである。そこで言葉と真実との間に擦《ず》れが生じることになる。したがって、個々の仮名有や、色々な観念を整理して概念化した相待有や法有も、いずれも本当には固定化できないことになる。つまり「AはAでない。それはAと言われる。」という型は、無我・無常、合わせて縁起・無分別性をいわんがための一つの工夫による表現である、と理解できる。固定できないものを、とりあえず固定するのが、言葉の世界であり、論理学の世界である。したがって、固定できない事物の真相に迫ろうとすると、「AはAではない。それはAと言われる。」といわざるを得ない側面を持つのである。

「ＡはＡでない。それはＡと言われる。」と空

「ＡはＡでない。それはＡと言われる。」という論理形式は、形式として、一つの完成を示している。この形式の歴史的意義はなにか。これを仏教思想史の上で考えるとき、まず原始仏教の無我・無常・縁起との関係はすでに述べた通りである。またその他の般若経典との関係で考えると、「空」の語が専門用語として、本格的に使用される以前の、一つの過渡的なものであったと思われる。事実、この経には、空の語が一度も出てこないことは先に述べた。後の般若経典で、「Ａは空だ。」という所を、本経では「ＡはＡでない。それはＡと言われる。」といったのである。見方を変えれば、これら二つの表現は、無分別智後分別智が編み出したそれぞれの工夫といえる。結論として、われわれは「ＡはＡでない。それはＡと言われる。」の命題と、「Ａは空だ。」の命題とは、同一内容を表現していると結論づけてよい。

この型から導かれる哲学体系

今までわれわれは論理の型に注目して論じてきたが、この型に内容を盛り込むことによって、そこに哲学体系が出来上がるようにさえ思われる。この点を少々検討してみよう。「ＡはＡでない。それはＡと言われる。」の前半「ＡはＡでない。」はアリストテレースの論理学以来の自同律、つまり「ＡはＡである。」の否定であるので、同一の論理の問題ではない。無分別智に裏付けされた考えを、表すための言語的表現である。それでは無分別智に裏付けされた、この型で展開される哲学はどのようなものとなりうるか。われわれは認識論・存在論・価値論としての可能なる展開を考察してみたい。価値論は領域が広いので、その内より倫理学を取り上げて考察してみたい。このことを通して、「AはAでない。それはAと言われる。」が単なる型ではなく、実質的な論理であることを証明したいと思うのである。

認識論における根本論理の展開　「AはAでない。それはAと言われる。」を認識論的に見るときは、結局いかなる我（ātman, 究極の実体）をも立てないことになる。なぜなら、いかなるAも否定されるから。結局、認識主体としての我の否定である。同時に、認識される対象の我の否定にもなる。しからば主客はいずれも否定されるから、主客と立てることも否定される。ここに主客未分の処の了悟が成り立つ。否定を通すことによって、ここに逆に積極的な意義を出してきている。この点を踏まえて、梵本『金剛般若経』は次のようにいう。

スブーティよ、我の思いがある人は、あるいは衆生の思い、あるいは生命の思い、あるいは人の思いのある人は、菩薩と呼ばれるべきでない。[1)]

1) 梵本『金剛般若経』二一九頁

存在論における根本論理の展開　まず梵本『金剛般若経』から一文を紹介しよう。

実体の存在（ātma-bhāva）、実体の存在とは、世尊よ、それは存在ではないと如来によって説かれている。それ故に実体の存在と言われる。実に世尊よ、それは存在でもなければ、非存在でもない。[1]

存在論に関しては、すでに「存在論」で調べた、他の般若経典の場合と結局同じことになる。存在論に関しては、物質世界のことは現在でも二つの仮説があるが、梵本『金剛般若経』をも含めて、般若経典では、あらゆる存在に実体を立てないことになる。

1) 梵本『金剛般若経』三六頁

価値論における根本論理の展開　価値は一般に善悪・美醜・良不良等の述語によって述べられる世界である。善悪を扱うのが倫理学の領域であり、「倫理学」のところで般若経典から考えられる倫理学の特色を述べてきた。そこでは、倫理の世界は重視するが、しかし絶対的な善や悪は認めない立場であった。このことを価値論における根本論理の展開として考えるときは、「善は善でない、善と言われる。悪は悪でない、悪と言われる。」となるであろう。そしてこのことは般若経典一般が考えていた絶対的な価値を立てないことと、同じ考えの型に入るといえる。今は倫理の問題のみについて述べたが、他の価値の領域に関しても同様である。

付 仏教の形式論理学　今まで述べてきたことは、般若経典による実質的な論理であるが、それに対して形式論理学も仏教の内部で展開された。インドの論理学は主にニヤーヤ学派によって展開されていた。ニヤーヤ学派はバラモン教の一学派であるが、すでに命題を五つ立てる五分作法という形式論理学を作り上げていた。一例を挙げれば次のようなものである。

(宗) あの山には火がある。
(因) 煙の故に。
(喩) およそ煙のある所には火がある。
　例えばかまどのごとし。
(合) 煙があるかまどに火があるように、あの山にも煙がある。
(結) 故にあの山には火がある。

このような五段の形式のものを、あとで述べる唯識《ゆいしき》派の人であるディグナーガ（Dignāga 陳那《ぢんな》、四〇〇頃～四八〇頃）は、三段の三支作法といわれる形式にした。上の例を使えば、次のようになる。

（宗）あの山には火がある。

（因）煙の故に。

（喩）およそ煙のある所には火がある。例えばかまどのごとし。

およそ火のない所には煙がない。例えば湖水のごとし。

宗とは主張であり、因とは理由であり、喩とは実例である。このような三支作法の論理学をディグナーガは『因明正理門論《いんみょうしょうりもんろん》（Nyāyamukha）』で述べている。ディグナーガ以後も多くの論理学者が出て、インド論理学（因明）をより精緻にしていっているが、今は論理学の問題については、これ以上は深入りしないことにする。

III　大乗仏教の展開

般若経典とその後の大乗仏教

はじめに

前章では、般若経典を中心に、大乗仏教を調べてきた。般若経典の仏教思想史的位置は、第一には、ゴータマの原始仏教の思想に帰ることであった。それは原始仏教の後、部派仏教の展開の中において、原始仏教の基本思想と離れるものがあったからである。それはゴータマの原始仏教が一切を無我・無常として把えていたのに対し、部派仏教では、法の領域や人の領域に我的なもの、常的なものを認める傾向を示してきたからである。われわれは便宜上、ゴータマの原始仏教の立場を第一の仏教と名づけた。それに対して、なんらかの意味で、我的なもの（実体的なもの）や、常的なものを認める立場を、第二の仏教と名づけた。大乗仏教にも、この第一の仏教・第二の仏教の考え方を広げていけば、般若経典は基本的には（個々の経典や、個々の経典の部分的内容には例外もある。）第一の仏教を復活したので、「第一の大乗仏教」と呼ぶことができる。ところで、般若経典以後の大乗の経典や論典では、使用言語としては、いずれも般若とか、六波羅蜜とか、空の語は必ずといってよいほど使用されている。その意味では、般若経典は後の大乗経典・大乗論典に影響を与えたといえるが、個々の経典・論典の基調という点からすると、般若経典が示

祇園精舎　スダッタ長者がジェータ太子から土地を買い取りゴータマの教団に寄進したといわれる

した第一の大乗仏教と同一の基調とはいえないものがある。むしろ部派仏教の中に見られたような、我的なもの、常的なものを再度持ち込もうとしているものもある。これからの論述においては、基調においてこのような基本線を示すものを、「第二の大乗仏教」と呼ぶことにする。

般若経典の仏教思想史的位置の第二は、在家主義を重視した点である。第一の仏教の深い思想を、在家のままで実践していこうとするものである。この点が、原始仏教の、出家をして仏教を実践しようとする立場と異なる。これは仏教のみならず、いかなる宗教にも多かれ少なかれ当て嵌まることであるが、深い思想を社会全体として実践していこうとすると、どうしても在家主義にならざるを得なくなる。つまり、過去にインドのみならず中国・日本においても見られたことであるが、出家という形で仏教を進めていくと、やがて社会経済的に無理が生じてき、出家を制限せざるを得なくなる、等の問題が出てくるのである。

初期の般若経典を推し進めた人々は、当時の王侯・貴族達の経済的援助のもと、安易な寺院生活を営んでいた部派仏教の出家仏教に対し、まさに万人の仏教としての運動を起こしたのである。

以下、般若経典の仏教思想史的位置づけとの関係において、その後の大乗仏教の展開を調べてみたいと思う。

さまざまな大乗経典

大乗経典　般若経典以降も多くの大乗経典が制作された。現在最も大部な大蔵経である『大正《たいしょう》新脩《しんしゅう》大蔵経《だいぞうきょう》』には、重訳もあるが一二一七部が収められている。これらの経典の総てについて述べることは到底できない。今は、「はじめに」において述べた二つの観点から、代表的な経典の若干について述べてみたいと思う。

在家主義を強調した経典

般若経典は、特に初期には在家主義を強調したと述べた。この観点に立っている経典の代表として、われわれは『維摩経《ゆいまきょう》』と『勝鬘経《しょうまんきょう》』を挙げることができる。これらの二経は、『法華経《ほけきょう》』と合わせて、聖徳太子の注とされる『三経義疏《さんぎょうぎしょ》』の名と共に、われわれ日本人には歴史的に馴染みの深い経典である。現在の研究では『三経義疏《さんぎょうぎしょ》』の直接の著者は太子ではないとする説が有力であるが[1]、直接には注しなかったとしても、太子はこれらの三経を特に重視していたように思われる。その詳しい理由の探究は、本書での直接の課題ではないが、経典の内容との関わりで一言触れておきたい。『維摩経』も『勝鬘経』も維摩・勝鬘という在家の居士《こじ》・

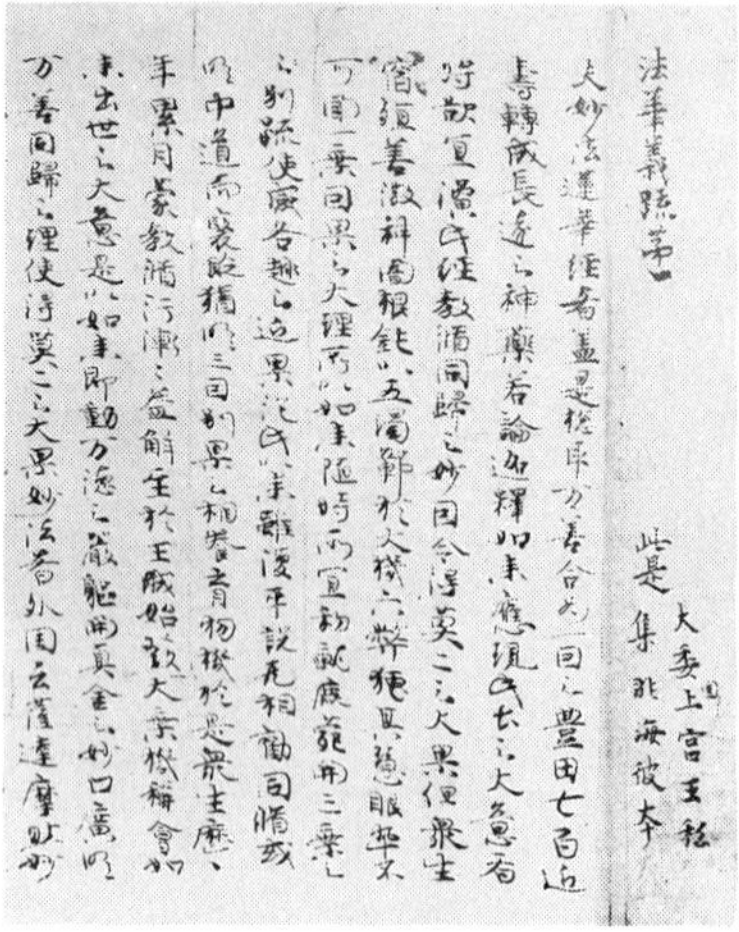

法華義疏第一

此是大委上宮王私集非海彼本

『法華義疏』　『三経義疏』の一部

夫人の名前をそのまま経典の名にしている。そして、在家の居士・夫人が、専門の出家者よりも仏教に対する深い理解者であり、また実践者であるという構成で、それぞれの経が展開されている。つまりこれらの経は、出家という特別の形を取るのではなく、在家のままで、仏教を理解し、実践していくことを重視する構想の基に書かれているのである。その点で、大乗仏教の一つの特色がよく出ているといえる。

聖徳太子の話に戻れば、太子は維摩を自分自身に、勝鬘を推古帝になぞらえて、在家のままで、仏教を理解し、実践していくことを理想としたと考えられる。

なお『法華経』には、会三帰一《えさんきいっ》といったような、別々に見えるものを、統一していく考えが強い。したがって、この『法華経』をもう一つ取り上げたということは、個別性の、さらには利己性の強かった当時の諸豪族の国家群を、一つの統一国家へとまとめていくための理想的拠り所として、『法華経』を取り上げたものと考えられる。

1)現在では、聖徳太子の注とすることには、疑問の声も強い（石田瑞磨『日本仏教史』岩波全書、一九八四年、二五～二八頁）。

人の中に我（実体）を認める傾向を示した経典

この傾向の経典も色々ある。『仏説《ぶっせつ》無量寿経《むりょうじゅきょう》』・『仏説観《かん》無量寿経《むりょうじゅきょう》』・『仏説阿弥陀経《あみだきょう》』・『仏説弥勒上生経《みろくじょうしょうきょう》』・『仏説弥勒下生経《みろくかしょうきょう》』・『仏説弥《み》勒大成仏経《ろくだいじょうぶつきょう》』等々があるが、日本人には前者の三経が特に関係が深い。これらの経典には、多かれ少なかれ、なんらかの意味で人の中に中心的な個我を認める傾向が見られる。その意味で、人の中に我的なもの（個我）を導入したといわざるを得ない。一例として、『仏説無量寿経』を調べてみよう。本経は法蔵（Dharmakara）比丘の願が基になって展開される。法蔵比丘は四八の願を誓う。その第一八願が有名な念仏往生の願である。

　もしわたくしが仏を得たときに、十方の衆生が至心に信楽して我が国に生ぜんと欲して、乃至十念したときに、もし生じなければ、正覚を取らない。ただ五逆と正法を誹謗《ひぼう》するとを除く[1]。

法蔵比丘はこのような願を立てて、修業に励む。そしてついに成仏して浄土を開くのである。このことは阿難《あなん》と仏との次の対話によって知られる。

　阿難が仏に白《もう》した。「法蔵菩薩はすでに成仏して滅度《めつど》を取ったのですか、まだ成仏していないのですか、今現にいるのですか。」

仏は阿難に告げた。「法蔵菩薩は今すでに成仏して現に西方にいます。ここを去ること十万億刹《きつ》であり、その仏の世界を名づけて安楽という。[2]」

ここに所謂阿弥陀仏（法蔵菩薩が成仏したときの仏名）の極楽浄土が成立し、阿弥陀仏を念ずる者は、五逆・正法を誹謗する者の他は、すべて極楽浄土に往生できる、という思想が成立する。本経も空の語を、文言としては述べる。

諸法の性は一切空無我なりと通達して、もっぱら成仏の土を求める。（そうすれば）必ずかくのごとき刹《くに》を成ずるであろう。[3]

しかし全体の傾向としては、空の思想を徹底させるものではなく、人の中に継続するなんらかの個我的なものを認め、それが肉体の死後、極楽浄土に往生することが、主になっていることには多言を要さないであろう。その意味で、この『仏説無量寿経』や、またこれと基本的に同じ内容のことを述べている『仏説観無量寿経』や『仏説阿弥陀経』も、なんらかの意味で、個我的なものを認めようとする点で、第二の大乗仏教に入るものといえよう。

1) 曹魏天竺三蔵康僧鎧訳『仏説無量寿経』『大正』第一二巻二六八頁上
2) 同書二七〇頁上
3) 同書二七三頁上。「性」は「門」に作る本もある。

『華厳経』

『華厳経《けごんきょう》』という集大成的な形にまとめられたのは、実は中国に入ってからのようである。インドでは集大成される前の形で、『十地経《じゅうぢきょう》』とか『入法界経《にゅうほっかいきょう》』という形で流通していた。これら二つのものが特に重要である。

思想的な要点としては、第一には菩薩行を重視していること、第二には事事無礙《じじむげ》の法界縁起を説くこと、第三には分別知によって一切の法が分別されてくること、これらの点が特に重要であろう。第一の菩薩行では、自利即利他を説く。菩薩とは慈悲の心をもって覚りを目指す者であるから、利他が自利の具体的な内容なのである。

第二の事事無礙の法界縁起というのは、本経の中心的な理論である。要点のみをいうと、『華厳経』では、事法界・理法界・事理無礙法界・事事無礙法界の四法界を説く。事（vastu, 個別的現象）法界とは、事事物物の個別的現象世界のことであり、理法界とは、現象を説明する原理・法としての、即ち理の世界であり、事理無礙法界とは、現象である事と、現象を説明する原理・法である理との間に、なんの障りもない（無礙）世界のことであり、事事無礙法界とは、事と事とが妨げ（礙）

合っていない世界のことである。事事無礙法界の根本には無分別智が働いているといえよう。われわれは色々な事と事とを、つい利害得失の観点から見がちである。それはわれわれ自身の分別知的な立場でしか、物事を見ることができない、ということによる。立場なき立場である無分別智から観たときは、事と事との関係は無礙であると観えてこよう。その意味では、事事無礙の法界縁起というのは、深い洞察を示しているといえる。

第三の分別知によって一切の法が分別されてくることは、次のように説く。「十地《じゅうぢ》品《ぼん》第六《だいろく》現前地《げんぜんち》」で次のようにいう。

三界は虚妄であり、心の作である。一二縁分は皆心に依る。[1]

散文に対応する韻文は、次のようになっている。

三界はただ貪心よりあると了達し、
一二因縁は一心中にあると知る。[2]

この一文に、後の唯識派が本格的に展開するような考え方が見られる。これは大変重要な文であるが、すでに見てきた般若経典との関わりで述べれば、言語によって区分されている一切の世界は、われわれの分別知（心）に依っているというのである。この意味で本経は、基本的には、第一の大乗仏教に属するといえる。

1) 東晋天竺三蔵仏駄跋陀羅訳『大方広仏華厳経』『大正』第九巻五五八頁下。「心」を「一心」に作る本もある。
2) 同書五六〇頁上

法の中に我（実体）を認める傾向を示した経典

仏教の歴史を鳥瞰すると、無我・無常を基本としたゴータマの仏教は、ゴータマの在世中においても、必ずしも十分には理解されていなかった様子が窺える。ゴータマの死後は、ますますこの傾向を増したようである。そのはっきりとした現れが、ゴータマの死後の部派仏教としての多くの学派の出現である。これらの中にも、無我・無常の基本線から離れていくものが色々見られた。法の実有を説いた説一切有部はその代表的なものであった。また人の方にも、個我を考えるようになってきた学派もある。経量部における、一味蘊とか、犢子部における、プドガラなどがその代表的なものである。

初期の般若経典に見られる大乗仏教のそもそもの意図は、法我・人我のいずれの我をも認めず、無我・無常のゴータマの原始仏教に帰ることであった。ところが大乗仏教も、時がたつにつれ、部派仏教の多くの学派と同じ轍を踏む傾向を示した。人我（個我）的なものを持ち込んだものとして、先に浄土系の経典を見た。では法我的なものを持ち込んできているものがないか、この点を次に調べてみよう。

『法華経』

『法華経』はある程度の大乗経典が出た後に、現れてきた。この経が出てきた理由の一つは、次の点にある。

大乗仏教はそれに先行する部派仏教を軽視する傾向があった。従来の仏教の立場を、声聞乗《しょうもんじょう》・縁覚乗《えんがくじょう》であるとし、自分達の立場を菩薩乗と呼び、前二者と後者との差を強調することに力を注ぐようになっていった。このような内輪喧嘩に対する反省の現れが、『法華経』が出てくる一つの理由である。

声聞乗・縁覚乗・菩薩乗というと、一見それらは別々のものであり、また質的な差があるように見えるが、これらは仏が方便として説いたものであって、その根本は仏乗というただ一つの乗り物（一乗）に衆生を導くための手段である。この関係を会三帰一といい、色々な登山道と頂上との関係になぞらえられる。即ち、山の頂上に登る道は色々あるが、行き着く処は一つの頂上だ、というのである。

ここに『法華経』の包括的・寛容的な性格の一面が見られる。先に聖徳太子に帰せられてきた

『三経義疏』について言及したが、太子が『法華経』を取り上げたことには、やはり大きな配慮があったと思われる。つまり、当時のさまざまな豪族達を、天皇家という頂点の基に統一しようとする政治的な配慮が含まれていたと思われる。

『法華経』の前半の部分（前半一四品、迹門《しゃくもん》）では、会三帰一が強調されるが、後半の部分（後半一四品、本門）では久遠の本仏の観念が強調される。久遠の本仏とは諸法の実相の理をさす。したがって、久遠の本仏は、理としての仏の意味で、理仏といわれる。そして、歴史上のゴータマも、この理仏の一つの現れとして出てきた、と説くのである。ここに仏の拡大解釈と法（理）の実体化の傾向が見られる。つまり、仏とは本来、覚りを開いた人（Buddha, 覚者）の意味であった。したがって、原始仏教においては、心身を伴った覚者の意味であった。それが久遠の本仏となると、心身を離れた理を擬人化して、本仏と呼ぶことになった。そして本仏を、久遠とするのである。この点に、『法華経』が、理の永遠化・実体化への道を歩んでいることが知られる。この点、われわれが今まで調べてきた初期の般若経典を中心とする第一の大乗仏教の立場とは、微妙にずれていき、第二の大乗仏教への道へと進んでいると見ることができる。

インドにおける仏教の展開

インドにおける仏教の展開は、今まで見てきたことから大体推察できると思うが、基本的な思想の観点からすると、無我・無常の思想と、それとは相反する

ナーランダーの寺院遺跡

こととなる人我・法我の思想との交代、もしくは交錯史として把えることができる。もともと仏教は無我・無常の原始仏教から始まるので、実質的には人我・法我を説く場合でも、形の上では無我・無常と矛盾しないと説明する場合が多い。しかしそこにはどうしても無理が見られる。

今までの展開を鳥瞰すれば、仏教は無我・無常のゴータマの原始仏教より始まった。やがて部派仏教の時代になると、人我・法我を実質的に説く学派が出てきた。初期の般若経典に代表される初期の大乗仏教は、もう一度無我・無常に帰る運動であった。しかしやがて、大乗仏教の中にも、実質的に人我・法我を説くものが出てきた。インドにおける仏教は、大乗仏教の後、さらに秘密仏教を展開して終わる。

本書の課題は、大乗仏教であるので、秘密仏教にまで触れる紙幅を持たないが、基本思想との関連で一言述べれば、次のようにいい得よう。秘密仏教も基本的には、人我・法我的なものを受け入れたと見られる。秘密仏教における最も重要な仏は大日如来であるが、この仏は理法を実体化したもので、理仏としての性格を持つ。また永遠の生命という形で、基本的には人我的なものも認めていると考えられる。われわれは秘密仏教について、これ以上深入りすることはできないが、大きな流れとしては、やはり人我・法我を認める方向に向かったといえる。

中観派

概　観

大乗仏教に入ってから、大乗の学派としては中観《ちゅうがん》派と唯識派の二つの学派が生まれた。その他、学派としてまでは成立しなかったが、如来蔵思想が見られる。以下、これら三項について、要点のみを述べてみたいと思う。

今まで般若経典を中心に大乗仏教を調べてきたが、大乗仏教の最初の学派である中観派も般若経典の立場を重視した学派である。中観派は般若経典が展開した空の思想を受け継ぎ、空の哲学を展開したといえる。

この派はナーガールジュナに始まる。かれの弟子に、アーリヤデーヴァ、アーリヤデーヴァの後継者にラーフラバドラが出た。その後、論証の仕方の違いなどによって、中観派の内部がさらにいくつかの派に分かれるが、本書では詳説せず、開祖のナーガールジュナについてのみ述べてみたいと思う。

開祖ナーガールジュナ

中観派の開祖はナーガールジュナ（Nāgārjuna 竜樹、一五〇頃～二五〇頃）である。中国・日本ではナーガールジュナは「八宗の祖師」とも呼ばれ尊敬された。

かれの著作としては、『中論頌』を始めとして、一五部がかれに帰せられているが、例えば『大智度論』のように、その真作を疑う学者もいる。[1] 今かれの名で伝えられている一五部の著作を総て挙げれば、次の通りである。

『中論頌（*Madhyamakakārikā*）』
『大智度論』
『十二門論』
『空七十論《くうしちじゅうろん》（*Śūnyatā-saptati*）』
『廻諍論《えじょうろん》（*Vigrāha-vyāvartanī*）』
『六十頌如理論《ろくじゅうじゅにょりろん》』
『ヴァイダルヤ論（*Vaidalya-sūtra*）』
『十住毘婆沙論《じゅうじゅうびばしゃろん》』
『大乗二十頌論（*Mahāyānaviṃśikā*）』
『菩提資糧論頌』
『スフリルレーカ（*Suhṛl-lekha*）』
『宝行王正論《ほうぎょうおうしょうろん》（*Ratnāvalī*）』

『勧誡王頌《かんかいおうじゅ》』
『因縁心論《いんねんしんろん》(*Pratītyasamutpādahṛdaya*)』
『チャトゥフスタヴァ(*Catuḥstava*)』

以上一五の著作がかれの著として残されている。「存在論」の所では、『大智度論』からかなり引用したが、ここでは『中論頌』について、おもに調べてみたい。

1)例えば、ラモットの説(*Le Traité De La Grande Vertu De Sagesse,* Par Étienne Lamotte, Tome I-V, 1949-1980)。これに対し、印順(『「大智度論」の作者とその翻訳』正観出版社、台湾省、岩城英規訳、一九九三年)は、やはりナーガールジュナの作とする。

『中論頌』 ナーガールジュナは般若経典を拠り所として、学派を形成した人である。かれの諸著作の中でも、『中論頌』は代表作であると共に、最も般若経典の立場を反映している。この著に対しては、後に多くの注釈書が作られたが、本文に基づきながら、妥当と思われる要点を述べてみたい。

思想史的に見たとき、知恵の完成(prajñāpāramitā, 般若波羅蜜多、無分別智)の立場を、真諦(paramārtha-satya, 第一義諦、勝義諦ともいう)といい、分別知(vijñāna, 識)の立場を俗諦

(saṁvṛti-satya，世俗諦) といった。そして空観とは、真諦で見ることを意味する。したがって、空の用法も般若経典での用法と同じであるが、さらにはっきりと、空を原始仏教の縁起 (pratītyasamutpāda)・無我 (anātman) と同義とした。以上のように、ナーガールジュナの立場は、般若経典に拠っているのであり、そのことは同時に原始仏教の縁起・無我を復活することでもあった。したがって、ナーガールジュナの場合も、諸法の実相を縁起・無我・空と観ることに尽きるのである。このことをあらゆる領域において、展開させているのが、『中論頌』といえる。なおこの派を中観派 (Mādhyamika) というが、その名の由来は、次の文による。

縁起であるものを凡て吾々は即ち空であると説く。
その空は相待の仮設である。これがまさしく中道である。[1]

1) 原典出版はプサンによってなされた (Publié par Louis de la Vallée Poussin, *Mūlamadhyamakakārikās de Nāgarjuna avec la Prasannapadā Comentaire de Candrakīrti*)。本書での『中論頌』の和訳は宇井伯寿訳による。引用に当たっては、旧漢字を当用漢字に直した (宇井伯寿「中論」『東洋の論理』青山書院、初版昭和二五年、三三年三版所収、二四七～三〇七頁、二九六頁)。

縁の討究　『中論頌』は次の帰敬の序で始まる。

不滅、不生、不断、不常
不一義、不異義、不来、不去であり、
戯論《けろん》が寂滅して吉祥である縁起を
説示した正覚仏に説者中の最上として私は稽首《けいしゅ》する。[1)]

空観からすれば、生滅なく、断常等もない。空観は、存在の真相は、無分別相であると観ているからである。

生滅・断常等が出てくるのは、分別知においてである。このような立場を俗諦と呼び、それに対して空観の立場を真諦と呼ぶ、ということはすでに述べた。したがって、俗諦では、生滅・断常等と分けられるように思われることも、真諦からすれば、分けられないことを述べているのである。なお「戯論が寂滅して吉祥である縁起を説示した正覚仏」と、縁起を重視しているが、かれの空観とは、正しい縁起説の復活である。『中論頌』が「縁の討究第一」で始まっていることからも、縁起の重視が窺える。

一、諸の有体は如何なるものでも、何処にあっても、何時でも、自からも、他からも、自他の
二からも、さらに無因からも、生じたものとして認められるものはない。
二、諸の有体の自性は縁等の中には認められない。
自性が認められないから、他性も認められない。
三、縁は四種ある。因縁と所縁縁《しょえんねん》と次第縁《しだいえん》と
また増上縁《ぞうじょうえん》であって、第五の縁はない。[2)]

これはまさに縁起説の正しい解釈である。ナーガールジュナが述べようとしたことは、思想史的には、先にも触れたごとく、原始仏教のゴータマの縁起説であり、また般若経典の空説であった。したがって、思想上はこれら三者に違いはなく、ただ説き方に違いが見られるだけである。ナーガールジュナの場合には、否定表現を通して、仏教思想を述べようとした。そのような言い方の一・二を、後でさらに見てみようと思うが、原始仏教以来重視されてきた縁起の正しい見方について一言触れておこう。

先の引用句の第三句にあったごとく、「縁は四種ある。因縁と所縁縁と次第縁とまた増上縁であって、第五の縁はない。」という。仏教では、衆縁《しゅえん》の寄り集まりによって、一切の現象が現れていると解するが、その衆縁を整理すれば、四種ということになる。因縁とは、因となる縁の意味で

ある。所縁縁とは、心によって把えられる対象の縁の意味である。次第縁とは、心・心所が次の心・心所を産み出す縁の意味である。増上縁とは、助けとなる縁の意味である。

木を一例として考えれば、この場合は因縁はさしずめ木の種であり、所縁縁は草や石としてではなく、木として認識される対象としての木であり、次第縁は、木を見て、例えば生命力を感じ、その後偉大さを思い、さらに永遠性を思うなど心・心所の変化であり、増上縁は木が成長するための土や日光や水などである。

ナーガールジュナの『中論頌』は鋭い論法で書かれているが、ゴータマの縁起の理や般若経典の空の観方を継承する立場であるので、どのような領域にも、いかなる不変的な実体も立てなかった。したがって、色々な個物や、概念に実体性を持たせなかった。それ故に、表現としては、否定表現が多くなった。

1) 宇井伯寿『東洋の論理』二五一頁
2) 同書二五一頁

去と来との討究　「去と来との討究第二」では次のようにいう。

一、先ず、已去《いきょ》は去らない。未去も全く去らない。已去と未去とを離れた現去もまた去らない。

二、動のある所に去がある。そしてその動は現去の中にあるのであって、已去の中にもなく、未去の中にもないのであるから、去は現去の中にある、と。

三、現去に去がどうして可得であろうか。去のない現去は実に可能ではないのに。

四、現去に去があると考える人には、去なくして現去があるという過失が起こる。何となれば現去が去るから。[1]

これは時間論である。われわれは過去・現在・未来と分けて、それらがあるように思うが、深く考えたときには、これらはわれわれの生活の便宜上、分けているのであって、実際は分けることのできないものである、といっているのである。いい換えると、厳密には区分できない連続的事実を、時間という枠を立てることによって、便宜上過去・現在・未来というのである。

1)『東洋の論理』二五三頁。なお原文の「いふ」を「いう」に替えた。以下同じ。なお同様に、旧かな遣いを新かな遣いに若干替えたところがある。

一二支の討究

『中論頌』「一二支の討究第二六」で、所謂一二縁起の討究がなされている。一二縁起をどのように解釈しているかによって、それぞれの仏教の立場の微妙な差異が窺えるので、「一二支の討究第二六」の全文を掲げてみよう。

一、無明に覆われたものは、再生に導く身口意の三種の諸行を自ら作し、その業によって、六道（の何れか）に行く。
二、業を縁とする識が六道に趣くのである。また識が趣いた時に名色が発現する。
三、然るに名色が発現した時に六入が生じ、六入が生じた後に、触が生ずる。
四、眼と色と作意とに縁って、即ち名色に縁って、此の如くに識が生ずるのである。
五、色と識と眼との三種の和合になるもの、是れ即ち触である。その触から受が生ずる。
六、受を縁として愛が起る。何となれば、受の境を愛欲するから。愛欲する時に、欲、見、戒禁、我語の四種の取が取られる。

七、取がある時に、取者が有を生ずる。
何となれば、若し無取ならば、解脱して、有がないであろうから。
八、その有は即ち五蘊である。有から生が起る。
老、死、苦等と、憂と悲と共に。
九、悩と悶と、これ等が生から起る。
此の如くにして、この純なる苦蘊が生ずるのである。
一〇、故に、無知者は輪廻の根本である諸行を作るのである。
従って、無知者は作者である。知者は実義を見るからそうでない。
一一、無明が滅した時には、諸行は不生となる。
然し無明の滅は智によっての此（一二因縁）の修習から来るのである。
一二、それぞれの前のものの滅によって、それぞれの後のものが生じない。
かくして、この純なる苦蘊はまさしく滅するのである。[1]

第一句において、「無明に覆われたものは、再生に導く身口意の三種の諸行を自ら作し、その業によって、六道[2]（の何れか）に行く。」と述べているが、この辺にナーガールジュナの一二縁起の解釈が、先に『律蔵』の中で調べたそれと、やや趣を異にするのを知る。むしろ部派仏教時代の一二縁起の解釈を踏まえながら述べている点が窺える。つまりゴータマの原始仏教では、一二縁起は迷いや覚りの成立を認識論的な縁起として説いていた。そこでは再生とか、輪廻ということは述べていない。比喩的な意味で、心の迷いを輪廻と呼ぶことはあったが、再生や、六道輪廻の意味では使われていない。したがって一四無記の中でも、「如来は死後存するか。存しないか。存しかつ存しないか。存しも存しなくもないか。個我と身体とは同じであるか。異なるか。」の問にはなにも答えていない。ところで部派仏教では、同じ一二縁起を、輪廻説と結び付けた胎生学的縁起として説いていた。ナーガールジュナの解釈は、後世の人としてやむを得ないのかもしれないが、やや折衷的である。

なお『大智度論』巻五にも、一二縁起の説明がある。ここでの説明も、三世に亘る胎生学的説明になっている。これらは後世の輪廻的思想に基づく解釈であり、ゴータマの仏教や般若経の主要思想とは離れるものである。

1)『東洋の論理』三〇二～三〇三頁
2)原典では「道（gati）」だけで、「六道」とまではっきりいっていない。

以下色々な討究が二七章に亘って述べられるが、紙幅の関係で、見落とせない句の若干を挙げてみようと思う。

その他

般若経典では、「空もまた空である。」と述べていたが、『中論頌』「行の討究第一三」でも、同様な把え方をしている。

もし何か不空なものがあるならば、何か空というものがあろう。然し、不空な何ものもない。どこに空というものがあるであろうか。

一切の見を出離することが空であると、諸の勝者によって説かれた。之れに反して、空見を抱くものは、これ不治者であるといわれた。[1]

無分別的観方に般若経典の特色が見られたが、『中論頌』「我の討究第一八」でも、次のようにいう。

他を縁として知るのでなく、寂静で、戯論によって戯論せられず、無分別で、不異義であるのが、実性の特質（即ち実相）である。[2]

これらはまさに無分別智から観たときの発言であり、『中論頌』全体が基本的に無分別智の立場で書かれていることを、われわれは知ることができると思う。

俗諦・真諦のことは先に述べたが、これは「聖諦の討究第二四」で説かれる。

二種の諦によって諸仏の法説があるのである。
世俗諦（または俗諦）と最上義のうえの諦（又は真諦）とである。
この二種の諦の区別を知らない人々は
仏の教えに於ける甚深な実性を知るを得ない。
世俗法（俗諦）に依らなければ、最上義（真諦）は説示されない。
最上義に達しなければ、涅槃は証得されない。
悪しく見られた空性は劣慧者《れつえしゃ》を滅する。
恰《あた》かも悪しく捕らえられた蛇、又は悪しく行われた明呪の如くである。
此故に、その法は劣慧者には悪しく解せられることを考えて、
牟尼《むに》には、法を説示せんとする心が、一時止んだのである。[3)]

以上ナーガールジュナの思想を『中論頌』を中心に調べてきたが、その要点だけでもなかなか複

雑なものがある。さらにかれには「八宗の祖師」といった側面もあるので、これらのことも考えると益々複雑になる。その総合的な研究は、別の課題にしなければならないが、かれの基本的な線は、ゴータマの原始仏教・大乗仏教の般若経典に繋がる線上にあるといえよう。ただ原始仏教・部派仏教の展開の後の大乗仏教の人であるので、部分的に折衷的なものも見られる。この辺のところが、後に「八宗の祖師」といわれる側面となりうる。

1）『東洋の論理』二七三頁
2）同書二八二頁
3）同書二九五頁

唯識派

概観　中観派の後に、もう一つ大きな学派として唯識派（Vijñānavādin）が現れた。唯識派はまたヨーガ行派（Yogācāra）ともいう。ヨーガの行法を重視したからである。

この派の根本目的はなんであったのか。先行する中観派は諸法は空であるといっていた。ところで、そのような諸法はどのようにして成立しているのか。このことの解明がこの派の中心問題であった。

この派の人達は、この問題を考えるに際して、識（vijñāna, 分別知）の働きに目を向けたのである。そして、われわれが諸法（諸々の有形無形の主要な事物を概念化したもの）としているものは、結局は識の働きによって生み出したものである、とするのである。

われわれが自然界にある或るものを、「木」と名づけ、さらに幹・根・枝・葉などと部分名をつけていくのも、皆われわれの識によっている、とするのである。あるいは風の吹き方一つをとっても、民族によって「野分」であるとか、「そよ風」であるとか、その生活との密接な関わりにおいて、色々と呼ぶ。印欧語族では、名詞に男性・女性・中性を、はっきりと分けるものもある。このようなことも、すべて識による。このように、すべての法を識の所産と考えるのが、この派の基本的な立場である。

唯識派は識を重視し、またヨーガの行とも相伴って、識への考究を深めた。その結果、識はいくつに分けうるのか、また識をどのように考えるべきかによって、後の学系へと発展する。今、唯識派の歴史を詳しく述べることはできないが、一般的には識は八識に分けられる。即ち、根本識としてのアーラヤ識（ālayavijñāna）、アーラヤ識を対象とする所のマナ識（mano nāma vijñānam）、さらに眼識・耳識・鼻識・舌識・身識・意識である。

次に識をどのように考えるかについては、第一には、識は分別知であり、分別する働きであるから、般若経典で見たように空である、とする見方が一つある。第二には、識をやや実体的に考えるものであって、輪廻しつつもある、とする立場である。前者は無相唯識派、後者は有相唯識派と呼ばれる。われわれの基本的な分類からすれば、前者は第一の大乗仏教、後者は第二の大乗仏教といえよう。

開祖マイトレーヤ

唯識を重視する立場は、先に見た『華厳経』の「十地品」や『解深密経《げじんみっきょう》』や『大乗阿毘達磨経《だいじょうあびだつまきょう》』などにおいて説かれていた。

この唯識の立場を、一つの学派として成立させたのはマイトレーヤ＝ナータ（Maitreya-nātha, 二七〇頃〜三五〇頃）である。その後アサンガ、アサンガの弟ヴァスバンドゥに至って完成する。
マイトレーヤ＝ナータには六著書が知られている。

『瑜伽師地論《ゆがしじろん》』（*Yogācārabhūmi*）一〇〇巻　唐　玄奘《げんじょう》訳
『大乗荘厳経論《だいじょうしょうごんきょうろん》』（*Mahāyānasūtrālaṁkāra*）一三巻　唐　波羅頗蜜多羅《はらはみたら》訳
『中辺分別論《ちゅうへんふんべつろん》』（*Madhyāntavibhāga*）二巻　陳　真諦訳
『現観の荘厳』（*Abhisamayālaṁkāra*）』
『法と法性との弁別』（*Dharmadharmatāvibhaṅga*）』
『究竟一乗宝性論《くぎょういちじょうほうしょうろん》』（*Mahāyāna-uttaratantra-śāstra*）』勒那摩提《ろくなまだい》訳（現在の研究では、マイトレーヤ自身の作ではないようである。中村瑞隆『梵漢対照　究竟一乗宝性論研究』五八〜六一頁参照。）

このうち、『現観の荘厳』[1]は、われわれがすでに調べてきた般若経典の梵本『八千頌般若』や梵本『二万五千頌般若』の解説に使われているので、般若経典それ自身から読み取れたことや、中観派の見方と差異があるか否かを調べてみたいと思う。

『現観の荘厳』は八品二七三頌よりなる。この本は覚りの段階を八つに分けて、だんだんと完全な覚りに至るまでを述べたものである。このことを梵本『八千頌般若』や梵本『二万五千頌般若』の解説に使っている。中観派も唯識派も『二万五千頌般若』に注を施した点に興味を惹かれる。これらを精査することによって、見方の微妙な差異があるか否かを窺えるであろう。

『現観の荘厳』では、まず八段階を次のように分けている。

一、一切相智性
二、道智性
三、一切智性
四、一切相現等覚
五、頂現観
六、次第現観
七、一刹那現観
八、法身

一、二、三の一切相智性・道智性・一切智性はそれぞれ如来・菩薩・声聞縁覚に対応する智性である。四の一切相現等覚から七の一刹那現観までが覚りへ向かう現観の段階である。八は七の段階における法身を述べたものである。

このような構成を持つ『現観の荘厳』を読了して感ぜられることは、一つには、マイトレーヤは法身の語を、無我の思想に制約された仏教内において、不変的な性質を盛り込みたい気持で、述べているように思える。『二万五千頌般若』の中観派の重要な注釈書である『大智度論』と比較したときのこの書の特徴は、現観に段階を付ける点もあるが、第八品で、法身・受用身・化身の三仏身を掲げている点である。

ここでの法身は一方では二一の特徴を具《そな》えたものの意味で、法を身に付けているものの意味であるが、他方では法身は「永遠であるべきもの」[2]と宣言されていて、不変視・永遠視する面がある。法身を永遠化しようとすることは、先行する部派仏教の説一切有部が法の実有を説いたことと通ずるものがある。般若経典は一般に、諸法を空と述べ、さらにその空さえも「空もまた空」として、いかなる実体化、永遠化にも与《くみ》してこなかった。この点からすると『現観の荘厳』は、梵本『二万五千頌般若』等の般若経典の解説書としては、やや問題があるように思える。

次に受用身であるが、これは次のように述べられている。

> 三二相と八〇種好を所有する聖者の体が、（楽しみの）身と考えられる。なぜなら、それは偉大な乗り物の法の幸福を楽しむからである。[3]

つぎに化身であるが、これはゴータマ仏のように、世間に利益をもたらす聖者のことである。そしてかれは五つの再生の場所で活動するという。[4]

『現観の荘厳』においても、六つの完成・十善業道は般若経典と同様に実践面において重視されている。

最後に『現観の荘厳』の般若経典の解説書としての問題点を挙げておきたい。法身・受用身・化身と三身を立て、特に法身を永遠的なものにしたことは、法の永遠化・実体化を図るものであって、般若経典の基本的立場から離れていっているといえる。また五つの再生の場所を説くことなども、安易に輪廻説を認める方向へ向かうことになり、般若経典の基本的立場から離れていっているといわざるを得ない。もっともマイトレーヤからヴァスバンドゥまでの唯識説は境《きょう》識《しき》倶《ぐ》空《くう》といって、対象も識も空だとはいうのであるが、思想史的に見ると、原始仏教以来の無常・無我と矛盾しない装いを取りながら、有的な方向へ向かう面が見られる。この点がよりはっきりしてくるのが、有相唯識派といわれる後の展開においてである。この派は境空心有といって、有的な方向がよりはっきりしてくる。ヴァスバンドゥまでは無相唯識の立場であるが、有的な要因が間々かいま見られる。このように考察してみると、『現観の荘厳』は、法に関しては、法の永遠化・実体化へ向かいつつあり、人に関しては輪廻を認めることにより、個我に通ずるものを、認める方向へ向かっているといえる。

般若経典は本来、人空法空を徹底的に説き、空すらも空空とする立場であった。これらの点からすると、『現観の荘厳』は般若経典の中心思想を、忠実に展開した解説書とはいえないように思う。

1) 原典は荻原雲来の次の書に含まれている。*Abhisamayālaṃkārar'āloka Prajñāpāramitāvyākhyā*, ed. by U. Wogihara

The Toyo Bunko 1932, Sankibo Buddhist Book Store Ltd.1973
分かり易い英訳に次の書がある。*Abhisamayālaṅkāra*, tr.by E. Conze, SOR VI, 1954『現観の荘厳』については、主にこの書によって、要約する。

2) *Abhisamayālaṅkāra*, tr.by E. Conze, SOR VI, 1954, p.98

3) 同書同頁

4) Ibid. pp.102-103　五つの再生の場所とは、ここでは餓鬼を除く五趣のことである。

アサンガの『摂大乗論』

マイトレーヤの弟子にアサンガ（Asaṅga 無著・無着、三一〇頃～三九〇頃）がいた。『摂大乗論《しょうだいじょうろん》』・『金剛般若経論』・『六門教授習定論《ろくもんきょうじゅしゅうじょうろん》』・『順中論《じゅんちゅうろん》』・『顕揚聖教論《けんようしょうきょうろん》』・『大乗阿毘達磨集論』・『大乗荘厳経論』の七著が伝えられている。[1] 唯識説はかれによって、組織化された。今、『摂大乗論』によって、組織化された唯識説を調べてみよう。

『摂大乗論』[2]は題名が示す通り、アサンガによる一種の大乗仏教概論である。アサンガは一方では、『金剛般若経論』や『順中論』に見られるように、般若経典や中観派の思想を受け入れ、他方では『華厳経』の「十地品」や『解深密経』に見られる唯識の思想も受け入れ、自己の立場を形成していっている。しかし全体としては、後者により重点をかけ、かれの時代までの大乗仏教をまとめたといえる。そのような立場での、かれの大乗仏教概論が『摂大乗論』であるといえよう。

『摂大乗論』は一〇品で構成される。第一章（品）の「応知依《おうちえ》止勝相品第一《ししょうそうほんだいいち》」では、一〇章の名前と、ほぼ全体の骨格が示される。第一には、唯識（vijñapti-mātra）の識（vijñapti）とは分別知（vijñāna, 識）によって分別されたものである。アーラヤ識は諸法が蔵せられているので、種子《しゅうじ》識であるともいう。唯識（vijñapti-mātra）というときも、唯識派（vijñāna-vādin）というときも、漢訳では同じ字を使い、その影響下にあった日本でも同じ字を使ってきているので、やや紛らわしい点があるが、唯識（vijñapti-mātra）の場合は唯所識の意味である。一般的には言葉によって分別されたものである。本書では分かりやすくするために、伝統的な立場からはやや問題があるかもしれないが、働きとしての分別知（vijñāna）を識（vijñāna）と呼び、分別知によって分別されたものを所識（vijñapti）と呼ぶことにする。識・所識の語で唯識説を説明すれば、識の働きによって、分別されるもの、即ち所識が生まれる。所識に名をつけたものが法である。そして識をさらに分析して、八つに分けたのが八識である。八識は本来分別知の働きであるが、それに名をつけるということは、すでに対象化されていることになるので、その場合アーラヤ識識とかマナ識識といわれる。これは所識としてのアーラヤ識、所識としてのマナ識の意味である。第二に、種子識であるアーラヤ識は刹那滅であるという。これはアーラヤ識は八識の中でも根本識であったので、一種の不変的な個我のようにも思われがちである。そのことを考慮していわれているものと思う。つまり一瞬一瞬滅しながら、しかも継続していると説くのである。このように説くことによって、原始仏教以来の無常・無我と調和を図ろうとしているといえる。

第二章では三性説が説かれる。三性説とは遍計所執性《へんげしょしゅうしょう》・依他起性《えたきしょう》・円成実性《えんじょうじっしょう》のことである。第三章では、唯識観、第四章では六つの完成、第五章では一〇の完成、第六章では戒、第七章では定、第八章では恵、第九章では無住所涅槃、第一〇章では仏の三身が説かれる。

これらのひとつひとつの章を、今詳しく述べることはできないが、第八章の「依恵学勝相品《ええがくしょうそうほん》」で、無分別智を説いていることは重要である。

この無分別智は即ち般若波羅蜜にして、名は異なるも義は同じ。[3]

アサンガは般若波羅蜜を無分別智と解したのであるが、この把え方は適切であると思う。われわれも、般若波羅蜜を無分別智と置き換えてきたのであるが、その出典は実はここにあったのである。アサンガの仏教理解は、基本的には無分別智を根本に置き、存在の真相を無分別と把えた。一切法の分別は識によるが、それは便宜的なものであって、真相は無分別とする立場である。

仏は一切法の自性は無分別なりと説く、所分別は無なるが故なり、かれには無分別も無し。[4]

このように見てくると、アサンガの唯識説は、諸法は識によって分別されたものであり、真相は無分別である、という所までを述べたもので、大体妥当なものといえよう。ただ『摂大乗論』でも、種子（アーラヤ識）は刹那滅《せつなめつ》であるという。それでいながら連続性もいう。この辺にやや無我・無常の立場に反する要素が、盛り込まれてきているように思える。

1) これらは『大正新脩大蔵経』第三一巻に収められている。ただし、『金剛般若経論』は第八五巻に、『順中論』は第三〇巻に収められている。
2) テキストは宇井伯寿校訂『摂大乗論』全、岩波書店、昭和一〇年第一刷、昭和四一年第二刷に依る。これは真諦三蔵の訳本である。
3) 宇井伯寿校訂『摂大乗論』一〇一頁
4) 同書九九頁

ヴァスバンドゥ

アサンガの弟子に弟のヴァスバンドゥ（Vasubandhu 世親、三二〇頃～四〇〇頃）がおり、『唯識二十論』・『唯識三十論』を含め、多くの著作を残している。今は唯識説と特に関係の深いこの二著によって、かれの考えを調べてみたいと思う。

これらを読んでまず感ぜられることは、ヴァスバンドゥはアサンガに比べると、観念論的色彩が強いという点である。『唯識二十論』・『唯識三十論』の唯識（vijñaptimātra）とはわれわれが述べてきた言い方をすれば所識のことである。したがって、ヴァスバンドゥの場合も、識（vijñāna）によって、所識が生まれるが、所識と外界との関係がなくなっているのが、ヴァスバンドゥの唯識説の特色のようになっている。われわれは識によって、外界その他の存在を分別して、所識とする、といえば理解できるが、ヴァスバンドゥの唯識説は、所識（唯識）は外界その他の存在との関係なしに、識自身の所産とするのである。ここまで来ると、やはり観念論的方向へ向かっているといわざるを得ないであろう。

ヴァスバンドゥはかれの立場を説くために、例えば『唯識二十論』で、夢の例などを挙げて説明するが、概して無理がある。ヴァスバンドゥの唯識に対する説明には、概して無理を感ずるが、ただ仏教の真の目標が、識も所識もなくなったところにあると感じていたようであるので、その点からすると仏教の根本と大きく離れたものではなかったと思う。

唯識説の要点

マイトレーヤ・アサンガ・ヴァスバンドゥと主要な唯識派の人々の考えを調べてきたが、これらの三人によって形成された唯識説の要点をまとめれば次のようになろう。

識（vijñāna）は分別知のことであり、一切の法を産み出す。諸法は根本的には空であるが、種子（bīja）という可能性の形で存在する。草木の種に比喩された種子は、換言すれば識のことである。この識もまた根本的には空であるが、諸法を産み出す種の役割をしている。この識によって産み出された法が所識（vijñapti）である。一切の法はこの所識以外のものではないとするので、唯識（vijñaptimātra）という。識も本来空であるが、一つの体と見做したとき、識体の現れ（顕現《けんげん》、似現《じげん》）を三種に区分する。即ち、第一にアーラヤ識、第二にマナ識、第三に眼・耳・鼻・舌・身・意識の六識である。合わせてこれら八識の働きによって一切の所識が生まれる。他方、実践においては、般若経典の六つの完成を継承した。

如来蔵思想

如来蔵思想

インドにおける大乗仏教の学派は、すでに見てきた中観派と唯識派の二つであった。しかし学派にまでは至らなかったが、それに近い立場を示したものに如来蔵思想がある。最後に如来蔵思想とはどのような思想であるか、またインド仏教思想史上どのような位置づけができるかを考察してみたい。

文献

如来蔵（tathāgata-garbha）とは、簡単にいうと、一切の衆生が有している如来となる可能性のことである。この如来蔵を開発して、如来になることを目指すのが、如来蔵思想の眼目といえる。このような如来蔵を述べている文献は色々あり、またその発展も見られるので、学者は三期に分けている。[1] これらの区分は、先に見た唯識説のアーラヤ識との関連の濃淡による区分である。如来蔵を説く経としては、『如来蔵経』・『不増不減経』・『勝鬘経』・『大般涅槃経』・『楞伽経《りょうがきょう》』・『密厳経《みつごんきょう》』、その他数篇がある。如来蔵を説く論としては、『大乗荘厳経論』・『仏性《ぶっしょう》論《ろん》』・『大乗起信論』・『宝性論《ほうしょうろん》』、その他数篇がある。

如来蔵思想というと、中国・日本の仏教では『大乗起信論』が最も有名である。『大乗起信論』はアシュヴァ＝ゴーシャ（馬鳴）の作とされ有名なものであったが、現在の研究成果では、サンスクリット原典もチベット訳も見つかっておらず、中国撰述の疑いがある。今は経典では『如来蔵経』、論典ではサンスクリット原典も見つかっており、如来蔵に関しては真正面から論じている『宝性論』によって、その要点と思想史的問題を考えてみたいと思う。

1) 中村元『インド思想史』一六八～一七〇頁

『如来蔵経』

如来蔵の言葉そのものを経名にしているのが、『如来蔵経[1]』である。この経の所説は、如来蔵（如来となりうる可能性）を、一切の人が有していることを説くものである。実際には色々な煩悩によって、如来蔵は覆われているが、あらゆる人に、それがあることを、八種（数え方によっては九種）の比喩で説いている。

第一には、樹中の蜜として、第二には、皮糠《ぬか》に覆われた粳糧《こうりよう》として、第三には、不浄処に落ちた真金として、第四には貧家にある珍宝蔵として、第五には、菴羅果《あんらか》（マンゴー）内の実として、第六には、幣物中の真金像として、第七には、貧賤な女が生める貴子として、第八には、焦黒土に覆われた真金像として、それぞれ如来蔵が喩《たと》えられている。

これらの喩えからは、如来蔵が大切なもの、立派なものに成長していくもの、変わらないもの、といった性格が窺える。とくに不変としての性格は、経典においても、「一切衆生の如来の蔵は常住不変である[2]」の言葉によっても強められている。このような点から考えると、如来蔵は我的な存在として考えられていることが分かる。経・論の説明の違いによって、個我的存在の側面が強まったり、法我的存在の側面が強まったりする。いずれにしても我的存在の思考を反映しているといえる。

また「一切の衆生は諸趣の煩悩があるけれども、身中に如来蔵があり、常に染汚がない。[3]」ともいわれる。これらを合わせ考えれば、如来蔵とは、『如来蔵経』では、常住不変で清いものとして描かれている。如来蔵の原語であるタターガタガルバ（tathāgata-garbha）はタターガタ（如来）とガルバ（胎、胎児、子孫）の合成語であるので、「如来になるための胎児」の意味にとってよいと思う。『如来蔵経』は要するに「如来になるための胎児」が、あらゆる人に備わっていることを述べたものである。したがって、経では次のようにもいう。

「わたくしが仏眼をもって一切の衆生を観るに、貪欲恚痴諸煩悩中に、如来知、如来眼、如来身がある。[4]」

衆生中の「如来知、如来眼、如来身」はこれは如来蔵といい替えてもよいものである。『如来蔵経』では、如来蔵とほぼ同義に考えられるものとして、如来性・如来法蔵・仏蔵・如来宝蔵などの語が見られる。本経では、いずれも「如来となるための胎児」の意味で通ると思う。次に調べる『宝性論』の「宝性」もまた如来蔵のいい替えである。

1)東晋天竺三蔵仏陀跋陀羅訳『大方等如来蔵経』『大正』第一六巻、No.666
2)同書四五七頁下
3)同書四五七頁下
4)同書四五七頁中・下

『宝性論』の説く如来蔵思想　『宝性論』[1]の説く要点は、「一切の衆生は如来蔵を有している」が、多くの人々は「煩悩の纏《まと》う所」となっているので、修業により、如来蔵を顕現することが必要である、ということに要約できる。『宝性論』はこのことを論証するために、多くの経・論典を拠り所とする。先に「文献」の項で挙げたものは、それらのうちの若干のものである。

論証の方法として目につくのは、如来蔵を衆生すべてにあることを論証するために、如来蔵を種々の法と同一視させ、それが衆生のうちにもあるという論証の仕方が目立つ。

衆生界とは、シャーリプトラよ、これは如来蔵の別名である。如来蔵とは、シャーリプトラよ、法身の別名である。[2)]

このように、如来蔵＝衆生界＝法身などとして、このように呼ばれるものが、衆生の内にあるとする論証の仕方である。また他の所では、仏性とも、その他の言い方でも置き換えられている。『宝性論』の宝性も如来蔵の比喩的な一つの表現である。これらのものをまとめてみれば、次のようになる。

如来蔵＝衆生界＝法身＝仏性＝宝性＝如来界＝界＝有垢《うく》真如＝法性＝如＝如来性（tathāgatagotra）

このような方法によって述べられた成果はどのようなものであろうか。

『宝性論』の目的は、先述のごとく「すべての衆生は如来蔵を有するものである。」という命題を主張し、そのことを先行する多くの経・論典から論証することであった。

ところで、現実には迷える世界が存する。そこで他面からすると、

如来蔵は無量の煩悩蔵の所纏《しょてん》である。[3)]

という。ここに『宝性論』に基づく現実の凡夫《ぼんぷ》の姿が示される。つまり凡夫は本来的には如来蔵を有しているのであるが、多くの場合、それが百パーセント顕現されておらず、煩悩によって覆われていると見る。煩悩に覆われている段階にも三種を分ける。即ち、

一、有身見に堕した衆生
二、転倒に執着する衆生
三、空性において心の散乱した衆生

である。

現実の凡夫は右のような姿を取りがちであるが、法性（如来蔵）は常恒であるという。

未来際に等しく常恒なる法性が存在する。4)

法性（dharmatā）はまた如来蔵の別名である。このことは、現実には凡夫が法性そのものを自覚することは困難であるが、努力の末、煩悩がなくなり如来蔵を顕現したとき、如来になれることを述べたものである。ただその未来際は、明日のことか、一年先のことか、百年先のことか、何度も輪廻転生した後のことか分からない。しかし人々は信功徳によって、いつかは如来になりうるのである。なぜなら人々は如来蔵を有するものだからである。

以上が『宝性論』の内容の要点である。先に調べた『如来蔵経』と『宝性論』とを比較するとき、どちらも如来蔵を説いていることでは同じであるが、『宝性論』の方が、より調子が強くなってきているように読み取れる。

1)『宝性論』のテキストは中村瑞隆『梵漢対照　究竟一乗宝性論研究』山喜房仏書林、昭和三六年による。
2)『梵漢対照　究竟一乗宝性論研究』三頁
3) 同書二五頁
4) 同書二五頁

如来蔵思想の仏教思想史上の位置づけ　以上、如来蔵思想について調べてきたが、この思想はインド仏教思想史上、どのように位置づけるのが適当であろうか。如来蔵思想には、心理的には、すべての人は覚れるように、という希望が見られる。そのことを論理的に保証するためには、すべての人に、覚れる可能性がなければならないことになる。その可能性が如来蔵と呼ばれるものであった。したがって、できあがった思想からすると、人々は現実には色々な煩悩に覆われているが、覚れる可能性としての如来蔵を有する、となる。

ところで、この如来蔵は我的（無我に対するもの）なものとしての特色が窺える。われわれはゴータマに始まる仏教は、無常・無我を特色とするものとして把えてきた。ところが、仏教思想史上でも、我的な見方が、何度か見え隠れしてきていた。巨視的に見たときは、如来蔵思想も、仏教思想史の中で、我的なものを認めようとする意図のもとに展開された思想の一つであったといえると思う。

この結論に対する一・二の論拠を挙げてみよう。まず『宝性論』では「法」は常の扱い方をされている。自性（svabhāva）があり、不変（avikāra）なものとされているのである。ところで先述のごとく、「法」は如来蔵と異ならなかった。かつその如来蔵をあらゆる人が有していた。如来蔵は法以外にも、宝性とか真如とか種々に呼ばれていた。種々にいい換えられようとも、法と同様に、それらは自性があり、不変であるという特色を持つ。有垢真如と呼ばれても、その真如の部分は常なるものである。なぜなら如来蔵が純粋に顕現する姿が無垢真如であるが、これはたまたま付いていた垢がなくなった状態を示すものであり、真如そのものは常とするからである。

要するに、如来蔵＝衆生界＝法身＝仏性＝宝性＝如来界＝界＝有垢真如＝法性＝如＝如来性（tathāgatagotra）と置き換えられているものは、我的なもの・常なるものの扱いを受けている。これは仏教思想史的に見れば、我的な思想へ向かっているものといえる。この点、無我・無常を基本としたゴータマの仏教とも、またゴータマの仏教に立ち返って、一切の法は空である、と説いた般若経典とも異なる。われわれの分類に従えば、第二の大乗仏教の方向を示しているといえよう。

おわりに

以上、般若経典を中心に大乗仏教の思想を調べてきたが、大乗仏教の思想の広がりと展開は、複雑で広く深いものがある。本書では、第一の仏教・第二の仏教という観点から論じ、般若経典以外の経典や論典については、その要点を述べるに留まった。読者にはこのような問題意識から、今後はさらに直接に、大乗の経典・論典等を読まれることを希望して筆を擱《お》く。

大乗仏教年表

世紀	西暦	仏教に関する年表	その他のできごと
前5世紀	前 四六三頃	ゴータマ＝シッダッタ誕生	都市の成立
		原始仏教	自由思想家群の活躍
			一六大国
			文典家パーニニ（〜前4世紀）
	四四四頃		ジャイナ教のマハーヴィーラ（〜前三七七頃）
4世紀	三八三頃	ゴータマ＝シッダッタ死去	
	三二七		アレクサンドロス大王、インド侵入
	三一七		マウリヤ王朝成立（〜前一八〇頃）
3世紀	二八三頃	部派仏教の始まり	
2世紀			アンドラ朝成立（〜後3世紀）
1世紀		部派仏教の分裂終わる	『バガヴァッド-ギーター』の原形確定
後1世紀		大乗仏教の興起	
		初期の般若経典『八千頌般若』・『金剛般若経』『二万五千頌般若』など	
	後 五〇頃		『ヴァイシェーシカ-スートラ』（〜一五〇頃）

2世紀	六〇頃	『大毘婆沙論』成立 アシュヴァ＝ゴーシャ『ブッダチャリタ』	クシャーナ朝成立（～二〇〇頃） 『マヌ法典』成立
	一〇〇頃		『ミーマンサー・スートラ』
	一二九		クシャーナ朝、カニシカ王の統治（～一五三）
	一五〇頃	ナーガールジュナ（竜樹、～二五〇頃）『中論頌』『大智度論』	
3世紀	一七〇頃	アーリヤデーヴァ（～二七〇頃） 『成実論』（～4世紀） 中・後期の般若経典『十万頌般若』・『般若心経』・『理趣経』など	
	二五〇頃		『ニヤーヤ・スートラ』（～三五〇頃）
	二七〇頃	マイトレーヤ（～三五〇頃）『現観の荘厳』	
4世紀	三一〇頃	アサンガ（無著、～三九〇頃）『摂大乗論』	
	三二〇頃		グプタ朝成立（～五〇〇頃）
	三三〇頃	ヴァスバンドゥ（世親、～四〇〇頃）『倶舎論』『唯識二十論』・『唯識三十論』	古プラーナ（ヒンズー教聖典） 叙事詩成立
5世紀	四〇〇頃	ディグナーガ（～四八〇頃）『因明正理門論』	『ブラフマ・スートラ』（～四五〇頃）

			『ヨーガ・スートラ』（～四五〇頃）
	四七五		西ローマ帝国滅亡
	四八〇頃		匈奴侵入
7世紀		秘密仏教が盛んとなる	
	六〇〇	玄奘（～六六四）	
		龍猛（六〇〇頃）	
	六〇六		ヴァルダナ朝、ハルシャ王の統治（～六四七）
		『大日経』（7世紀前半）	
		『金剛頂経』（7世紀後半）	
	六五〇		クマーリラ（～七〇〇）
	六八〇	シャーンティラクシタ（～七四〇）	
8世紀		インドラブーティ	イスラム教徒、西北インドに侵入
	七〇〇		シャンカラ（～七五〇）
	七五〇頃		パーラ朝成立（～一一九九）
9世紀		ハリバドラ	
11世紀	一〇二七頃	時輪タントラ（～一〇八七頃）	
	一〇八九		ヘーマチャンドラ（～一一七三）
13世紀	一二〇三	ベンガルのヴィクラマシラー寺院がイスラム教徒によって焼却される	
	一二〇五		イスラム教徒、北インドを支配
14世紀			『サーンキャ・スートラ』

16世紀	一五二六		ムガール朝成立（〜一八五八）
17世紀	一六三二		タージ・マハール建設（〜五三）
	一六三三		イギリス、ベンガル植民を開始
19世紀	一八六九		ガンジー（〜一九四八）
	一八七七		イギリス、インドを併合
	一八九一	大菩提会設立	
20世紀	一九四七		インド独立
	一九五〇		インド連邦共和国成立
	一九五五	アンベートカール（一八九一〜一九五六）、インド仏教協会設立	

参考文献

大乗仏教を調べる上で、資料としての叢書的文献としては、サンスクリット語によるものとしては、*Buddhist Sanskrit Texts* Nos23, Mithila Institute Darbhanga, がある。

漢訳並びに漢文・日本文で書かれたものを含むものとしては、『大正新脩大蔵経』一〇〇巻がある。

チベット語訳並びにチベット語文で書かれたものを含むものとしては、『影印北京版西蔵大蔵経』一六四巻がある。


以下若干の研究書を挙げるが、原則として、日本語で書かれたものの内で、現在、比較的手に入りやすいと思われるものを、挙げてみた。外国語による研究は、これらによって見ていただきたい。

●仏教全般に関するもの

『仏教倫理思想史』　和辻哲郎著　（『和辻哲郎全集』第一九巻）――――岩波書店　一九六三

『印度哲学史』　宇井伯寿著　――――――岩波書店　一九六五

『インド哲学史』　金倉円照著　――――――平楽寺書店　一九七二

『インド思想史』　中村元著　（岩波全書）――――――岩波書店　一九五六

M. Winternitz : *History of Indian Literature*, translated from the original German by Mrs. S. Ketkar, University of Calcutta, 1959

Dasgupta : *History of Indian Philosophy*, 5vols, Cambridge, 1922-1955, Reprint 1962-63

Radhakrishnan : *Indian Philosophy*,2vols, The Macmillan Company, 1923, 7th Impression 1962

『インド仏教史』　瀧山章真著　櫻部建補注　――――――法蔵館　一九七七

『大乗仏教成立論序説』　山田龍城著　――――――平楽寺書店　一九五九

『インド仏教史』上・下巻　平川彰著 ——— 春秋社　一九七四・一九七九

『初期大乗仏教の研究』平川彰著（『平川彰著作集』4・5）——— 春秋社　一九九〇

「大乗仏教教理の由来—小乗非仏説—」山口瑞鳳著（「思想」八二八号　一九九三年六月）岩波書店

●般若経に関するもの

『原始般若経の研究』梶芳光運著 ——— 山喜房仏書林　一九四四

『般若心経　金剛般若経』中村元・紀野一義訳註（岩波文庫）——— 岩波書店　一九六〇

『般若経典の基礎的研究』副島正光著 ——— 春秋社　一九八〇

「*Pañcaviṃśatisāhasrikā Prajñāpāramitā*（二万五千頌般若）の基礎的研究
——付梵漢対照テキスト並に梵文和訳——（1）～（20）」副島正光著
「佐賀大学教育学部研究論文集」第二一～二四、二九、三一～三七、三九、四〇、四二～四四集、
「佐賀大学文化教育学部研究論文集」第一～三集 ——— 一九七三～一九九八

『般若波羅蜜多の研究』真野龍海著 ——— 山喜房仏書林　一九九二

『真野龍海博士頌寿記念論文集　般若波羅蜜多思想論集』
真野龍海博士頌寿記念論文集刊行会編 ——— 山喜房仏書林　一九九二

（般若経に関するより詳しい研究については、一九八〇年以前については右記の『般若経典の基礎的研究』を、一九九二年以前のものは『真野龍海博士頌寿記念論文集　般若波羅蜜多思想論集』の「般若経典類研究書籍・論文目録」の項を見られたい。）

●中観派に関するもの

『中論頌』の原典は、プサンによって出版されている。
Publié par Louis de la Vallée Poussin, *Mūlamadhyamakakārikās de Nāgārjuna avec la Prasannapadā*

Comentaire de Candrakīrti

『東洋の論理』 宇井伯寿著 ―― 青山書院 一九五〇

『大乗仏典1 大智度論』 梶山雄一・赤松明彦訳 ―― 中央公論社 一九八九

「飛んでいる矢は止まっているか」 山口瑞鳳著 （『思想』一九八八年一〇月） ―― 岩波書店

「刹那滅と縁起生の相違――わが国中観哲学の常識に問う――」 山口瑞鳳著 （『思想』七七八号 一九八九年四月） ―― 岩波書店

「二種類の『零』――『無』と『空』――一〇進法を支えるいま一つの『零』――」 山口瑞鳳著 （『思想』七八五号 一九八九年一一月） ―― 岩波書店

「日本に伝わらなかった中観哲学」 山口瑞鳳著 （『思想』一九九一年四月） ―― 岩波書店

●唯識派に関するもの

『現観の荘厳』の原典は、荻原雲来博士によって出版されている。

Edited by U. Wogihara, *Abhisamayālaṅkār'ālokā Prajñāpāramitāvyākhyā The Work of Haribhadra*, The Toyo Bunko, 1932

E. Conze, *Abhisamayālaṅkāra* SOR VI, 1954

『現観荘厳論の研究』 真野龍海著 ―― 山喜房仏書林 一九七二

『梵文八千頌般若索引 現観荘厳論の研究（続）』 真野龍海著 ―― 山喜房仏書林 一九七五

『摂大乗論研究』 宇井伯寿著 ―― 岩波書店 一九三五

Publiés par Sylvain Lévi, *Vijñaptimātratāsiddhi Deux Traités de Vasubandhu : Viṁśatikā et Triṁśatikā*, Librairie Ancienne Honoré Champion, 1925

『世親唯識の研究』上・下巻 結城令聞 ―― 大蔵出版 一九八六

『唯識学典籍史』 結城令聞 ―― 大蔵出版 一九六二

『大乗仏典15　世親論集』　長尾雅人・梶山雄一・荒牧典俊訳（新訂再版）――中央公論社　一九八三

●如来蔵思想に関するもの

『宝性論研究』　宇井伯寿著――岩波書店　一九五九
『梵漢対照　究竟一乗宝性論研究』　中村瑞隆著――山喜房仏書林　一九六一
『如来蔵思想の形成』　高崎直道著――春秋社　一九七四

さくいん

【書名など】

大乗仏教《だいじょうぶっきょう》の思想《しそう》■人と思想132　　定価はカバーに表示

1996年12月10日　第1刷発行©
2014年9月10日　新装版第1刷発行©
2018年2月15日　新装版第2刷発行

・著　者 ……………………………副島《そえじま》　正光《まさみつ》
・発行者 ……………………………野村久一郎
・印刷所 …………………法規書籍印刷株式会社
・発行所 …………………株式会社　清水書院

〒102-0072　東京都千代田区飯田橋3-11-6
Tel・03(5213)7151～7
振替口座・00130-3-5283
http://www.shimizushoin.co.jp

検印省略

落丁本・乱丁本は
おとりかえします。

CenturyBooks

Printed in Japan
ISBN978-4-389-42132-8

CenturyBooks

清水書院の〝センチュリーブックス〟発刊のことば

近年の科学技術の発達は、まことに目覚ましいものがあります。月世界への旅行も、近い将来のこととして、夢ではなくなりました。しかし、一方、人間性は疎外され、文化も、商品化されようとしていることも、否定できません。

いま、人間性の回復をはかり、先人の遺した偉大な文化を継承して、高貴な精神の城を守り、明日への創造に資することは、今世紀に生きる私たちの、重大な責務であると信じます。

私たちがここに、「センチュリーブックス」を刊行いたしますのは、人間形成期にある学生・生徒の諸君、職場にある若い世代に精神の糧を提供し、この責任の一端を果したいためであります。

ここに読者諸氏の豊かな人間性を讃えつつご愛読を願います。

一九六七年

SHIMIZU SHOIN